0－5歳児

新装版

運動会種目集

ワクワク大成功

101アイデア

競技のすすめ方、盛り上げ方のポイントがよくわかる！

編・著／浅野ななみ

Gakken

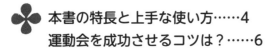

大成功

101 アイデア新装版

0〜1 歳児向け種目 … 9

2〜3 歳児向け種目 … 31

CONTENTS

本書は2016年4月に刊行した『0-5歳 運動会種目集 ワクワク大成功101アイデア』（Gakken）の新装版です。記述の見直しを行い、一部加筆修正を行っています。

★本書の特長と上手な使い方★

本書は、0〜1歳児、2〜3歳児、4〜5歳児、保護者・親子など向けと4つの章に分かれています。子どもの心身の発達を促し、それぞれの年齢に合った種目を紹介しています。人数やサイズ、距離などはおおよその目安なので、園の規模に合わせてアレンジしましょう。

対　象

それぞれの年齢の園児のほか、保護者、親子、卒園児のカテゴリーに分かれています。園児の年齢は目安ですので、子どもたちの発達に合わせて参考にしてください。

◎特徴①
流れとコツがわかる

この種目の流れと安全に楽しく行うコツがよくわかる！

通し番号

この章の中での通し番号です。

流れとねらい

種目の内容を説明し、この種目を行うねらいにふれています。

成功アドバイス

各種目がうまくいくよう、進行役のアナウンスのしかたや、練習の工夫、当日のポイントなどのアドバイスを掲載しています。プチアレンジ方法がある場合も！

準備する物

種目ごとに使う物がまとめてあります。ほとんどの園にある物を挙げていますが、ない場合は似た物で代用してください。製作物はイラストの説明つきです。2個以上必要な物には個数を入れています。サイズ・材料・個数は目安です。園の状況に合わせて臨機応変にアレンジしましょう。下の「進め方」のイラストも参考にしてください。

進め方

この種目の進め方を詳しく解説しています。プロセスとイラストを参考にしてください。

［誌面例］4〜5歳児

5 おでんで でん

流れとねらい 5人くらいを1組としたチームで、みんなで力を合わせておでん鍋を完成させます。協調性を養います。

準備する物
●チームカラーの色画用紙を巻いた大鍋
●おでんダネ（3種・人数分）

〈1チームにつき〉
●エプロン
●机

〈はんぺん〉
白いウレタンを正方形に切る。
15cm

〈ちくわ〉
ラップの芯にしわをつけたクラフト紙を巻きつけて貼る。
15cm

〈がんもどき〉
新聞紙を丸め、よく揉んで柔らかくした茶色の色画用紙でくるんでテープで留める。
15cm

成功アドバイス
★おでんダネは、周囲にもよく見えるように大きく作りましょう。

アレンジ 材料を変えて、カレーライスや野菜スープをテーマにしても楽しいでしょう。

進め方

①鍋やおでんダネを持ちスタート地点に並ぶ
コース上に図のように机を置きます。5人くらいのチームをふたつ作ります。各チームの先頭は鍋を持ち、うしろの2〜4人は、それぞれおでんダネを持ちます。アンカーはエプロンをし、スタートに並びます。

②先頭が鍋を持っていく
スタートの合図で、先頭が鍋を持って走り、机に置いて、スタート地点に戻ります。次の走者に「でん！」と言いながらタッチして交代し、列の最後尾につきます。

③次からはおでんダネを入れに行く
次の走者からは、鍋まで走り、ふたを開けて、持っているおでんダネを入れ、ふたを閉めて戻ります。②と同様に交代します。アンカーは鍋を持って戻ってきます。先にアンカーが戻ったチームの勝ち。

スタート
15m
ふたをしめてね
でん！
アンカーはエプロンをつける
手を伸ばしてタッチしてよい
ゴール

66

距　離

スタートからゴール、または折り返し点や目標地点までの、おおよその距離です。運動会を開く場所の大きさや人数、子どもたちの様子によって、変更してもかまいません。距離の指定がない場合は、年齢によって考慮しましょう。下記はスタートからゴールまでの距離の年齢別の目安です。
・0〜1歳児…自分で歩く場合は5m、保護者と一緒の場合は10〜15m
・2〜3歳児…5〜10m
・4〜5歳児…15m

◎特徴②
準備がラク！

会場の設営や道具などがまとまっているから準備ラクラク！

スタート・ゴール

スタートライン、ゴールラインがわかりにくい場合、アイコンがついています。このほか、進め方の説明文にある折り返し地点や、競技に必要なラインもイラストに印がついています。

注　意

特に注意したいところなどに、イラスト内にも吹き出しで説明が入っています。

4

インデックス

ひと目で章ごとに分かれているのがわかります。

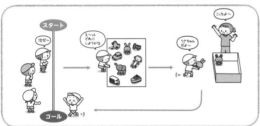

2～3歳児

27 かたづけはおまかせ！

流れと
ねらい　たくさん並んでいるおもちゃを、おもちゃ箱におかたづけ。
目的に合わせて行動する力を養います。

❀準備する物
● おもちゃ（人数分）
● シート
● おもちゃ箱

成功アドバイス
★2歳児には、片手で持てる大きさで、壊れにくいおもちゃを用意します。
★「みんなが並んだあとに、おもちゃが散らかっています。〇組さんは上手におかたづけできるかな？」などとアナウンスして盛り上げましょう。

進め方
①おもちゃとおもちゃ箱を配置
コースの中央にシートを敷き、積木やぬいぐるみなどのおもちゃを並べます。その先におもちゃ箱を置きます。

②おもちゃをおもちゃ箱に入れる
スタートの合図で、おもちゃまで走り、ひとつ取って、おもちゃ箱に入れます。スタート位置に戻り、次の走者と交代します。

+1アイデア　お砂場パトロール
おもちゃの代わりに、砂場道具をシートの上に置き、その先にふだん使っている遊具入れを配置します。子どもは砂場道具をひとつ取り、定位置にかたづけてゴールします。

58

2～3歳児
+保護者

28 おさんぽ楽しいね！

流れと
ねらい　平均台や巧技台、フープなどでいろいろな動きをし、ジャンプ力、バランス力などの発達を促します。親子一緒に体を動かしてふれあいを深めます。

❀準備する物
● マット（2枚）
● 平均台
● 巧技台（1セット）
● フープ（5個）

成功アドバイス
★平均台、巧技台の下にはマットを敷き、安全への配慮をします。
★平均台では高くと危険なので、あわてないように声をかけましょう。途中で落ちた場合は、その場から登ってスタートします。
★この他に、巧技台のはしごや、跳び箱などを組み合わせて、子どもの体力に合わせたコースを作ってみましょう。

進め方
①平均台、すべり台、フープをセッティング
コース上に図のように、平均台、巧技台のすべり台、フープを設置します。

②親子一緒に進む
保護者の足の甲に子どもの足を乗せてスタートし、次に平均台を渡り、すべり台、フープを跳び越えて進み、再び保護者の足に子どもの足を乗せて、スタート位置に戻ります。次の走者と交代します。

59

+1アイデア

内容をアレンジして、ひと味違う種目にしています。年齢や人数によって、さらにアレンジしても楽しいでしょう。

⚠ 注意　ご使用の前に必ずお読みください

● リボン、ひも、ロープ等を使用する際は、子どもの首や体に巻きつくと危険ですので十分注意してください。
● 子どもがポリ袋を頭からかぶると危険です。ポリ袋を扱う際は十分注意してください。また、子どもの手の届かない所に保管してください。
● ホチキスで加工する際には、使用時に危険のないように、針の状態を確認してください。
● 風船の破片、紙吹雪、ペットボトルのフタ、輪ゴム等、誤飲の危険性のあるものの使用、保管には十分注意してください。
● 割りばし、ストロー、S字フック等、鋭利な部分があるものを扱う際には十分注意してください。
● ボールの上に乗ったり、座ったりすると危険ですので、後片づけや、保管には十分注意してください。
● 巧技台、平均台、マット等を使用する際は平らな場所で、組み立ての状態など安全性を十分確認して使用してください。

◎特徴③
コラムも充実！

おゆうぎのアイデアや組み体操、その他の種目についての指導のコツなどを挙げています。ここから新しい種目を考えるのも楽しいですね。

5

運動会を成功させるコツは?

競技の内容や勝ち負けだけにこだわらず、子どもも大人も、みんなが「楽しかった」といえる運動会をめざして、日常保育を生かした活動として取り組みましょう。

★ 子どもの発達を考慮しましょう

まだ走る力が育っていない子どもにリレーをやらせたり、投げる力が十分ないのに玉入れをしたりしても、運動会は盛り上がりません。子どもたちの発達に合わせた種目を考えることが大切です。

近年は秋ではなく、春に運動会を行う園もあります。特に春は、子どもの体力面や集団での活動が、まだ十分育成されていない場合があります。子どもたちは今、何ができるか、何に興味を持っているかを、きちんと把握して指導計画を立てましょう。

★ 保育者同士の打ち合わせを十分に

運動会は園全体の活動です。運営会議の場を設け、みんなでよく話し合っておくことが大切です。特に種目は「全学年で同じような玉入れが続いた」というようなことのないように、全学年で一緒に考えてプログラムを構成するとよいでしょう。

また最近は「乳児だけの運動会」「乳児から年長児まで一緒に行う運動会」など、乳児の参加も増えています。乳児が安全に楽しく運動会をすごせるよう、保育者全員で安全対策なども話し合っておきましょう。

★ 保護者との連携を大切にしましょう

運動会は勝ち負けを競うものではなく、保護者の方には、「こんなことができるようになりました」と子どもの成長を見てもらうことが大切です。運動会の準備が始まったら、クラスだよりなどで、子どもたちの言葉や活動の様子をこまめに伝えましょう。

「紅組は今のところ白組に勝てません。それでもみんなで"今度こそ!"と団結し、やる気は白組に負けていません。子どもたちの成長ぶりに驚いています」など、ふだんの保育や練習のうちから、保育者の視点を保護者に知ってもらうと、当日、保護者の目も子どもの進歩に向き、勝ち負けにこだわらず笑顔で楽しめる運動会になるでしょう。

引っ張る練習だ～!

やる気あるね!

団結しています!

種目を決めるときの注意

子どもの発達に合わせ、みんなが無理なくできる競技をセレクトしましょう。

年齢・発達を考えて

運動会で特に留意したいことが安全面です。けがのないように行うには、その種目が子どもの身体発達に合っているかどうかを見極めることが大切です。

十分な走力がまだない２歳児は、走る距離を短くして、走ることの楽しさをまず味わわせるなど、年齢と発達に合った種目内容を工夫してください。

ルールについて共通認識を

勝敗がはっきりする、クラス対抗リレーのような種目は、あらかじめルールを全員で確認しておきましょう。「追い越すときは外側から」「レーンの中を走る」など、園でのルールを決め、保護者にも伝えておきます。そのうえで、子どもたちがルールを守り、一生懸命がんばる姿に拍手を送ってもらうようにしたいものです。

場所や人数の確認をする

おもしろそうな種目でも少人数では盛り上がらなかったり、逆に園庭がせまくて大勢で参加する種目ができなかったりと、種目を決めるには場所と人数の考慮が不可欠です。

特に保護者・親子など、大人の競技は、思いのほかスペースが必要になることがあります。保育者が一度やってみて確認しておきましょう。

練習の回数を考慮する

１、２回練習すればすぐできる種目、当日初めてやるのが楽しい種目など、内容によって練習回数はさまざまです。何回くらい練習すればよいかを考えて計画的に指導しましょう。

また、おゆうぎや跳び箱、縄跳び、組み体操などは、何カ月かかけてじょじょに上達をめざすことが何よりも大切です。クラス全員ができるようになった状態で運動会に臨むようにしましょう。「跳び箱が跳べないから、運動会に出たくない」といった運動嫌いの子をつくらないように配慮してください。

子どものやる気がUPする練習法

子どもたちの興味を引き出し、みんなでやる喜びを味わわせましょう。

★1 「今、できること」を する

子どもたちは、自分のできることをやるときはプレッシャーを感じずに、のびのび体を動かすことができます。

特に乳児クラスの場合は「今、できていること」を運動会で発表するとよいでしょう。「いないいないばあを何度もやりたがるようになってきているので、『いないいないばあ体操』（P.15）を運動会でやってみよう」と、子どもの「今、できること」をテーマに種目を選ぶと、子どもたちは喜んで練習に参加できるでしょう。

★2 失敗しても あきらめない

4〜5歳児になると、勝ち負けや「できた・できない」といったことがはっきりわかるようになってきます。同時に苦手なことをチャレンジしようという勇気も育ってきています。

「馬跳びマン参上」（P.82）で跳び箱を跳ぶなど、難しいことに挑戦するときは、ひとりひとりの発達に合わせて、ゆっくりていねいに指導しましょう。失敗しても「大丈夫、あきらめないで！」と声をかけ、できるようになるまで根気よく子どもを見守ってあげましょう。

★3 子どもたちが先生に

親子で行う種目は、あらかじめ子どもたちだけで練習しておきましょう。たとえば「びっくり くり落とし」（P.104）なら、どんなふうに玉を渡したらいいか、どんな力で投げたらいいかなど、子どもたちと保育者で話し合っておきます。子どもたちには「みんなが先生になっておうちのかたに教えてあげてね」と伝えておきましょう。

運動会当日は、子どもたちが保護者のサポート役・指南役になることで、よりいきいきした競技が展開されることでしょう。

★4 声を合わせて、 力を合わせて

運動会では、みんなで協力したり、友だちと力を合わせてゴールをめざすという協調性を学ぶことも大事です。力を合わせるということは、心をひとつにして相手の動きや考えを知ろうとすることです。その手がかりになるのが「声をかけ合う」こと。「オニのパンツはいいパンツ」（P.67）のように、ふたりで肩を組んで走るときは「イチ・ニ、イチ・ニ…」とふたりでリズムをとり合うなど、どうすれば上手に進められるかを子どもたち自身で話し合ったりすると、やる気も出て自主性がめばえます。会場全体も盛り上がり、より迫力が増します。

0～1歳児 向け種目

0～1歳児向け種目の考え方

まだ歩けない子はできることを

　この年齢は、親子で一緒に行う種目や親がゴールにいるなど「親子のふれあい」がテーマです。歩行がまだできない子は、マットの上をはいはいする、歩けるようになったら、保育者や保護者と手をつないで、よちよち歩きでゴールなど今できることをやってみましょう。無理をせず、短時間で終わらせることがポイントです。「○○ちゃんは"はいはい部門"のがんばり賞です！」など、ゆかいな解説で場を盛り上げましょう。

健康面に注意して

　運動会が終わったら、子どもに疲れが出て病気になることがないように十分注意しましょう。戸外での運動会は、日差しが強かったり、急に冷えたりすることがあります。水分補給や着替えの用意を忘れずに。

　また、競技に使うマットはきれいな布をかぶせ、できるだけ清潔にするなど衛生面も気をつけましょう。

ひとりで歩けるようになった子どもが、歩いて競技に参加する場合、スタートからゴールまでは5mを目安にしましょう。保護者がだっこやおんぶをしたり、手をつないだりする場合はスタートからゴールまで10～15mを目安にし、競技の参加人数や会場の広さなどに応じて工夫してください。

また、スタートとゴールには保育者もついているようにしましょう。

0歳児

1 宇宙人とお友だち

流れとねらい 親子で飛び出した宇宙の先には、宇宙人がプレゼントを持って待っています。親子でふれあいながら、夢をふくらませましょう。

準備する物

- ●大玉（2個）
- ●宇宙人のお面
- ●首飾り（人数分）
- ●だっこひも（人数分）

〈宇宙人のお面〉
色画用紙に顔を描いて、丸めたりねじったりしたモールをつける。これを細長く切った色画用紙に貼りつける。両端を折り、輪ゴムを通して、ホチキスで留め、上からセロハンテープでカバーする。

〈首飾り〉
色画用紙を星の形に切って顔を描く。上にリボンをつける。
←20cm

成功 アドバイス

★進行役は「子どもたちが大きくなる頃には宇宙旅行も夢ではありません。今から宇宙人とお友だちになっておきましょう」などとアナウンスして盛り上げましょう。

進め方

❶大玉と宇宙人をセッティング

コース上に図のように色画用紙の星を貼った大玉2個を置き、その先に宇宙人のお面をつけた保育者が立ちます。

❷子どもをだっこしてスタンバイ

保護者は子どもを、だっこひもを使って外向きにだっこします。

❸大玉をよけながら進む

スタートの合図で親子は大玉をよけながら、宇宙人のところまで進みます。

❹首飾りをかけてもらう

宇宙人と子どもは握手をし、首飾りをかけてもらったら、スタート位置に戻り次の走者と交代します。

2 竜宮城は海の中

0歳児

流れと ねらい 子どもをかめに乗せて、保護者が引っ張り、海の中を進み竜宮城へ連れていきます。親子のふれあいを深めます。

♣ 準備する物

● かめ
● 海のポール
● 竜宮城
● 旗立て台（2個）

〈かめ〉
段ボール箱の底にガムテープを貼る。箱の側面に、色画用紙で作ったかめを貼る。前方に2ヵ所穴を開け、1mの綿ロープを通して、しっかり結ぶ。箱の中にはクッションなどを入れて、安定して座れるようにする。

40cm

〈海のポール〉
ポールにすずらんテープを数本貼りつける。すずらんテープの先に色画用紙で作った魚などを貼る。

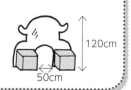

120cm

50cm

〈竜宮城〉
板段ボールを城の形に切り、色画用紙を貼る。積木などに貼って固定する。

成功 アドバイス

★海のポールは棒の両端を保育者が持つなど安定させましょう。
★「浦島太郎さんがかめに乗って行ったのは竜宮城。さあ、みんなもかめさんに乗って海の中へ行ってみましょう」などのアナウンスで楽しさアップ。

進め方

❶ 海のポールと竜宮城をセッティング

コース上に図のように、海のポール、竜宮城を設置します。海のポールは結束バンドで固定します。

❷ かめに子どもを乗せて進む

スタートの合図で、保護者はかめに子どもを乗せて進み、海のポールを通り、竜宮城をくぐったら折り返し、スタート位置に戻ります。次の走者と交代します。

スタート

保育者は棒を支える

ゴール

11

0歳児

③ デコボコ道でも進め！

**流れと
ねらい** 保護者がマットの上で障害物になる競技です。全身を使って、くぐったり
登ったりして前進する動きを味わわせます。

🍀 準備する物

● マット（2枚）

成功 アドバイス

★トンネルの長さや、はいはいで進む距離は子どもの発達に合わせます。保護者の顔が見えて、たどり着けるのが子どもにわかるようにしましょう。

進め方

❶ マットの上で保護者がスタンバイ

マットを2枚敷き、5〜6人の保護者がマットの上で横に並びます。2〜3人は両手両ひざをつけ、トンネルを作ります。その他は、隣の人とくっつき合ってはらばいになります。

❷ ゴール地点で待機

子どもの保護者は、子どもがスタートしたらマットの端のゴール地点で待機します。

❸ はいはいで進む

スタートの合図で、子どもは保護者のトンネルをくぐり、はらばいの保護者の背中をはいはいで進みます。

❹ 子どもを抱き上げる

保護者はマットの端で子どもを待ち受けて、抱き上げます。次の走者に交代します。

もう ひといき〜
がんばって！

はらばいになった
下を通る

背中の上を通る

スタート

ゴール

0歳児

④ 雨ニモ風ニモ負けないよ！

**流れと
ねらい** 子どもをおんぶして、雨や風などの3つのゾーンを通り抜けながら進みます。
さまざまな動きを見て、子どもの好奇心を広げます。

❀ 準備する物

● **カラーポリ袋**
● **うちわ**（2個）
● **紙吹雪**
● **旗、旗立て台**

〈カラーポリ袋〉
カラーポリ袋を半分に切り、つなげて細長くする。

〈うちわ〉
うちわにすずらんテープを貼る。

〈紙吹雪〉
折り紙を細かく切って紙吹雪を作る。

**成功
アドバイス**

★雨・風・雪の前で立ち止まり、動きの様子を子どもに見せるよう、保護者にアナウンスします。

進め方

❶ アイテムを持ってスタンバイ

コース上に図のように、それぞれカラーポリ袋、うちわ、紙吹雪を持った保育者がスタンバイ。

❷ おんぶでゾーンを順に進む

保護者が子どもをおんぶして、スタートの合図で雨のゾーンをくぐり、風のゾーンを通り、紙吹雪の雪のゾーンを進んでゴールし、次の走者に交代します。

+1アイデア

**おさんぽ車で
楽しいな**

おさんぽ車に子どもを4、5人乗せて、コースを回っても楽しめます。

スタート

雨のゾーン

カラーポリ袋の両端を持って上下に揺らす

うちわを大きく動かして風を送る

紙吹雪を散らす

風のゾーン

ゴール

雪のゾーン

0〜1歳児

2〜3歳児

4〜5歳児

保護者・親子など

13

5 たかいたかいレース

流れとねらい　子どもを抱いたり、「たかいたかい」をしたりのレース。子どもははいはいで自主的な動きを、だっこで受けとめてもらう安心感を体験します。

❀準備する物

● フープ
● マット
● プレゼントポール
● 旗立て台（2個）

〈プレゼントポール〉
大型封筒をハート形に切り、リボンを貼って持ち手を作る。シールを貼って飾りつけして、ポールにS字フックでつり下げる。封筒の中に「がんばったね」などと書かれたカードを入れる。

成功アドバイス

★歩行できる子は、保護者のところまで歩いて進みましょう。
★フープくぐりでは、「がんばれ」の声かけや拍手などで、子どもが保護者に注目するように促します。

進め方

❶トンネルとプレゼントをセッティング

コース上に図のように、マットを敷きフープを立てたトンネルと結束バンドで固定したプレゼントポールを設置します。保護者はマットの先にスタンバイ。

❷フープをくぐる

スタートした子どもはフープのトンネルをはいはいでくぐり、保護者のところまで進みます。

❸プレゼントを取る

保護者は子どもを抱いて、プレゼントのところに進みます。子どもを高く抱き上げて、プレゼントをひとつ取ってゴールします。

スタート　よいしょよいしょ　がんばれ！　たかいたか～い　ゴール

フープくぐり

プレゼントポール

6 いないいないばあ体操

流れとねらい 言葉に合わせて保護者と子どもが一緒に動きながら、リズミカルな動きとスキンシップを楽しみます。

準備する物

● マット
（親子数に合わせる）

成功アドバイス

★言葉は抑揚をつけてゆっくり唱えましょう。「いないいないばあ」をして、子どもとしっかり顔を見合わせることで、安心感を持たせます。

★歌詞がない、ゆったりした曲調のBGMを流しながら行ってもよいでしょう。

★子どもが楽しんでいる動きは何回もくり返したり、発達に合わせて足の上に子どもを立たせるように抱いたり、さまざまな動きを加えてみましょう。

進め方　進行役の言葉に合わせて動く

進行役が唱える言葉に合わせて親子で動作をします。保護者はマットの上に座ります。1枚のマットに2〜3組座ってもよいでしょう。保育者と年長児が前で動きを見せます。

❶なでなでなでなで
親子で向き合い、子どもをなでる。

❷いないいないばあ
親子でいないいないばあをする。

❸ゆらゆらおふねが　ぎっちらこで
両手をつなぎ、体を前後左右に揺らす。

❹いないいないばあ
❷と同様。

❺ピョーンピョンピョン　ピョンピョンピョン
保護者は足を開き、子どもを抱いて、足の間を左右にジャンプさせる。

❻できたできた　パチパチパチ
親子で拍手をする。

❼にこにこ　にっこり　いないいないばあ
❷と同様、「いないいないばあ」をくり返す。

❽できたできた　バンザーイ
保護者は立ち上がって子どもを抱き上げ、「たかいたかい」をする。

7 はいはいでチュウ

流れと ねらい 楽器を鳴らす保護者に向かって、はいはいで進む競技。
はいはいをすることで全身を使った体の動きを促します。

準備する物

● マット（人数分）
● 鈴、タンブリンなどの楽器（人数分）

成功 アドバイス

★子どもが保護者に注目するように、名前を呼びかけたり、楽器を鳴らしたりしてもらうよう、保護者に伝えておきます。

進め方

❶ マットをセッティング

図のようにマットを放射状に並べ、各マットの奥に子どもを座らせます。

❷ はいはいで進む

保護者は子どもの向かい側から楽器を鳴らし、子どもがはいはいで進むように促します。

❸ 抱きしめて「チュウ！」

子どもが保護者のところまで来たら、抱き上げて「たかいたかい」をし、最後に抱きしめて「チュウ」をします。

⑧ かくれんぼ、みーつけた！

流れとねらい 保護者と一緒にぬいぐるみを探すことで、物への興味を広げ、探索活動を促します。

準備する物

● **箱**（複数）
● **ぬいぐるみ**
● **マット**（2枚）

〈箱〉
箱の底を切り取り、色画用紙で家の絵を作って、側面に貼る。これをぬいぐるみにかぶせる。

成功アドバイス

★進行役が「おうちの中に隠れているのは誰かな？みんなは見つけられるかな？」と声をかけて、子どもの興味を引き出し、行動を見守りましょう。
★子どもの発達に合わせて箱の数を3〜4個に増やして選ばせてもよいでしょう。

進め方

❶マットと箱をセッティング

コース上に図のように、マットⒶ・Ⓑを敷き、Ⓑのマットにはぬいぐるみの入った箱を設置します。保護者はマットⒶの先でスタンバイ。

❷Ⓐのマットを進む

子どもは、Ⓐのマットをはいはいをして（または歩いて）、保護者のところまで進みます。

❸Ⓑのマットでぬいぐるみを見つける

保護者は子どもを抱き上げ、Ⓑのマットまで進みます。子どもはマット上にある箱を持ち上げ、中に入っているぬいぐるみを見つけます。

❹スタート位置に戻る

保護者はぬいぐるみを持った子どもを抱いてスタート位置に戻り、次の走者に交代します。

はいはいで進む

○ちゃん がんばれ！

何が入っているかな？

箱の中からぬいぐるみを取り出す

スタート

Ⓐ

Ⓑ

マットの上に箱をいくつか置く

ゴール

9 まる さんかく しかく島

**流れと
ねらい**　魚にぶつからないように、タイミングよく体をかわしながら、
親子で一緒に目標へ進むことを楽しみます。

準備する物

●魚のプラカード
（2個〜）

画用紙に描いた2枚の魚の絵に平らな
棒をはさんで、貼り合わせる。クジラ
など、魚以外の生き物を作っても。

成功アドバイス

★魚のプラカードは大きめに作り、ダイナ
ミックに動かしましょう。子どもに当たらな
いように注意します。
★歩行ができる子どもは、親子で手をつない
で移動します。

進め方

①○、△、□を描き、魚を動かす

地面に親子3〜4組が入る大
きさで、島に見立てた○、△、
□の形を描きます。保護者は
子どもをだっこし、全員ひと
つの島に入ります。

②魚をよけながら、ほかの島へ移動

島の周囲を保育者が魚のプラカー
ドを持って、動かしながら歩き回
ります。進行役が「さんかく島へ
お引越し〜」などとコールしたら、
魚にぶつからないようによけなが
ら、その形の島へ移動します。

③何度か移動をくり返す

この移動を何度かくり返しま
す。最後は進行役が「魚にぶ
つからずにお引越しができま
した。バンザーイ」とアナウ
ンスし、親子は手を振りなが
ら退場します。

10 お馬に乗って

流れとねらい 両足首を両手でつかんだ姿勢の馬に乗ったり、抱っこで走ったりと、変化のある動きの中で、子どもの体のバランス力を養います。

成功アドバイス

★馬の姿勢は苦しいので、ゴールまでの距離は長すぎないようにしましょう。

★馬の背中に乗せた子どもが落ちないように、保護者がしっかりと支えるように伝えます。

進め方

❶ペアになってスタンバイ

保護者と保育者でペアになります。保育者は中央の円の中に立ち、保護者は子どもを抱いてスタート地点に立ちます。

❷中央の円で馬に乗る

スタートの合図で中央の円まで進みます。円内にいる保育者は、両手で両足首をつかんで馬になります。保護者が子どもを馬の背中に乗せて、子どもの体を支えながらゴールします。

+1アイデア　きりんのおさんぽ

「お馬に乗って」と同様に子どもを抱いてスタートします。円のところで子どもを肩に乗せ、肩車をして立ち上がり、ゴールします。肩車をした時、子どもがバランスを崩さないよううしろから支えましょう。

スタート

こっちだよ〜

がんばれ あと少し

ゴール

0〜1歳児

2〜3歳児

4〜5歳児

保護者・親子など

0〜1歳児

11 ブランコゆらりん

**流れと
ねらい** バスタオルに子どもを乗せてブランコのように揺らします。
リズミカルに揺れる動きを、親子で楽しみます。

準備する物

● バスタオル
● マット（2枚）

成功アドバイス

★安全のために必ずマットを敷きましょう。
★子どもが怖がらずに楽しめるように、子どもの反応を見ながら、小さな
動きから少しずつ大きな動きへと変化をつけてみましょう。

進め方

❶マットとバスタオルをセッティング

マットを図のように並べ、保護者と保育者はペアになって
マットをはさんで向き合い、バスタオルをマットにのせます。

❷子どもを乗せて揺らす

子どもをバスタオルに乗せてから、ペアはバスタオルの四隅
を持ち上げ、「ブランコゆらりんゆらゆらりん」と言いながら、
子どもを左右にゆっくり3〜4回揺らします。

❸子どもをマットの端で降ろす

そのあと、子どもをバスタオルに乗せたままマットの端まで
運び、子どもをゆっくり下ろします。保護者が抱き上げてゴー
ルします。

+1アイデア つづけて
ブランコ

保護者はペアになり、マットをはさんで向き合いま
す。バスタオルに乗せた子どもを揺らしてから、隣
の保護者のところまで運び、下ろします。これをく
り返し、隣の保護者へ次々に子どもを送ります。

12 すてきなリボン

流れとねらい 箱の中からいろいろなリボンが出てきます。親子でリボンをかわいく結んでゴール！　箱の中から長いリボンを引き出すことを楽しむ競技です。

準備する物

● **リボン（2本）**
● **リボンの箱**

おかしなどの空き箱の上部を、リボンの出しやすい大きさに切り取る。中に、リボンや不織布などをびょうぶだたみにしたものを入れる。子ども用と大人用の2箱を作る。

成功アドバイス

★リボンの色は、結んでいることが遠くからでもわかるように、赤などはっきりした色を選びましょう。

★第1の箱のリボンは70～80cm、第2の箱のリボンは120～150cmにしましょう。

進め方

❶ リボンの箱をセッティング

コース上に、子ども用（第1の箱）と大人用（第2の箱）のリボンの箱をふたつ置きます。

❷ 子どもにリボンを結ぶ

親子は手をつないで第1の箱へ進み、子どもは箱からリボンを引き出します。保護者は、それを子どもの体に結びます。

❸ 保護者が自分の体にリボンを結ぶ

次に、第2の箱へ進み、同様に子どもがリボンを引き出します。このリボンは保護者が自分の体に結びつけます。

❹ 手をつないでゴール

リボンをつけた親子は、手をつないでゴールします。

21

13 かえるだピョン！

流れとねらい 親子が一緒にかえるになって障害物を跳び越えます。少し歩けるようになった子に、歩く楽しさを味わわせ、親子のふれあいを深めます。

♣ 準備する物

- **かえるのお面**（人数分）
- **草むら**（2個）

〈かえるのお面〉
色画用紙をかえるの形に切って顔を描く。これを細長く切った色画用紙に貼りつける。両端を折り、輪ゴムを通して、ホチキスで留め、上にセロハンテープでカバーする。

〈草むら〉
牛乳パックをつなげて、側面に草の形に切った色画用紙を貼る。

20cm

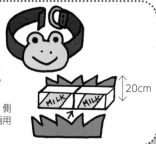

成功アドバイス

★子どもの発達に合わせて、だっこでまたいでもよいでしょう。
★ジャンプする草むらの数を増やしたり、岩や柵を加えたりして変化のあるコースを作ってみましょう。

進め方

❶コース上に草むらをセッティング

コース上に図のように草むらを設置し、池の形に丸くラインを描きます。草むらの前に保護者が立ち、子どもはかえるのお面をつけてスタート位置にスタンバイ。

❷おんぶして草むらを飛び越える

子どもは歩いて保護者のところへ進みます。保護者は子どもをおんぶして、草むらを飛び越えて池まで進んでゴール。

14 カラコロキャンディキャッチ！

流れと ねらい 転がるキャンディをタイミングよくつかまえたり、手押し車にのせて歩いたり、全身を動かして運動します。

準備する物

- **手押し車**
- **カラコロキャンディ**（3個くらい）
- **マット** ●**巧技台**

〈カラコロキャンディ〉
小石などを入れたペットボトル2個を、底同士を合わせてテープで貼り合わせる。気泡緩衝材を巻いた上からカラーポリ袋で包み、両端を輪ゴムで留める。ビニールテープで模様をつける。

成功アドバイス

★保護者は、子どもの歩く方向や、キャンディを車にのせるなどの補助を行います。
★子どもが受けとめられるよう、「キャンディ、いくよ」とキャンディに注目させてから転がします。

進め方

❶巧技台をセッティング

コース上に、マットを敷いて巧技台を設置します。保育者はここでキャンディを準備。

❷手押し車を押して進む

親子一緒にスタートし、子どもは手押し車を押しながら進みます。

❸キャンディをつかまえて手押し車にのせる

巧技台のところで子どもは保育者が転がすキャンディをつかまえます。キャンディを手押し車にのせ、スタート位置に戻ります。次の走者と交代します。

23

15 おやおやばあ！

流れと ねらい 大きな布を使った「いないいないばあ」の遊びを通して、隠れていた保護者と出会う楽しさを体験します。

準備する物

● 布（100cm×150cmくらい）

成功アドバイス

★カーテンの向こうから聞こえる保護者の声に子どもが気づくよう、保育者が「誰か呼んでいるね」などと声をかけましょう。

進め方

❶布をセッティング

コース上に布でカーテンを作り、うしろで保護者1名が待機します。保育者は子どもをだっこしてスタート地点でスタンバイ。

❸布を持ち上げて対面

布のうしろの保護者は「○○ちゃん、いないいない」と声をかけ、「ばあ！」と同時に布を持ち上げ、親子が対面します。

❷だっこして進む

スタートの合図で子どもと保育者は、布の前へ進みます。

❹子どもを抱いてゴール

❸の保護者は子どもを抱いて進み、ゴールします。

16 コロニャンまてまて！

流れと
ねらい　ボール（コロニャン）を追いかけたり、つかまえたりする動きを、
親子で楽しみながら、全身を思いきり動かします。

準備する物

● コロニャン
● ボール止め

〈コロニャン〉
ボールにビニールテープで、目、耳、口などをつける。

〈ボール止め〉
積木か段ボール箱に、色画用紙の花を貼って装飾する。

30cm
1m

成功アドバイス

★「コロコロ転がるねこのコロニャンが逃げてしまいました。コロニャンをつかまえられるかな？」などとアナウンスして盛り上げましょう。

進め方

❶ ボール止めをセッティング

コース上にボール止めを設置します。

❷ コロニャンを追いかける

保護者がコロニャンを転がし、親子一緒に追いかけます。

❸ コロニャンをつかまえる

ボール止めの位置まで転がったコロニャンをつかまえ、子どもが持って親子一緒にスタート位置まで戻ります。次の走者と交代します。

⑰ パンダ親子のお買い物

流れとねらい パンダの親子になってパン屋さんでお買い物。歩いたり、品物をかごに入れたりして親子のふれあいを楽しみます。

✿ 準備する物

- ●パンダのお面（人数分）
- ●パン（人数分以上）
- ●旗、旗立て台
- ●持ち手のあるかご（2個）
- ●テーブル

〈パンダのお面〉 色画用紙でパンダの顔を作る。細長く切った色画用紙に貼りつける。両端を折り、輪ゴムを通して、ホチキスで留め、上にセロハンテープでカバーする。

〈パン〉 紙を丸めていろいろな形を作り、カラーポリ袋で包む。ペンで模様を描く。

成功アドバイス

★子どもが歩く距離は、発達に合わせて加減しましょう。0歳児はテーブルまでだっこして進みます。

★1歳児後半の子どもには、パンのほかにも「くだもの」「おかし」など、さまざまな食べ物も加えてお店のようにしても楽しめます。

進め方

❶パンをセッティング

コース上にテーブルを置き、パンを並べ、旗立て台を設置します。親子ともパンダのお面をつけます。

❷パンのテーブルまで進む

保護者はかごを持ち、子どもと手をつないでパンのテーブルに進みます。

❸パンを選んでかごに入れる

子どもと保護者がそれぞれパンをひとつ選び、かごに入れたら、旗のところまで進みます。

❹おんぶして戻る

旗のところで保護者は子どもをおんぶしてスタート位置まで戻ります。次の走者と交代します。

18 ピカピカ星の子どもたち

流れと ねらい 保護者が子どもを抱いたり、おんぶしたりして一緒に星のプレゼントを取りにいく競技。歩いたり、おんぶされたりとさまざまな動きを楽しみます。

準備する物

● 星のお面 (人数分)
● 星のプレゼントポール
● 旗立て台 (2個)

〈星のお面〉
色画用紙を角の丸い星形に切る。これを細長く切った色画用紙に貼りつける。両端を折り、輪ゴムを通して、ホチキスで留め、上にセロハンテープでカバーする。

〈星のプレゼントポール〉
星形に切った色画用紙を貼ったビニール袋に、おもちゃなどのプレゼントを入れ、ひもでしばる。人数分を、ポールにつり下げる。

成功アドバイス

★子どもが歩く距離は、発達に合わせて加減しましょう。
★ひと回りするところは、子どもが怖がらない程度に「回るよ」と言いながら勢いをつけて回るように保護者に伝えます。

進め方

❶星のプレゼントをセッティング

コース上に図のように、星のプレゼントポールを結束バンドで留めて設置します。子どもは星のお面をつけ、スタートラインでスタンバイ。

❷子どもを抱いてひと回り

コース上に保護者が立ち、子どもは保護者のところまで歩いていき、着いたら保護者は子どもを抱いてひと回りします。

❸おんぶして星のプレゼントを取る

次に、保護者は子どもをおんぶして、星のプレゼントポールへ進み、子どもがプレゼントをひとつ取ってからゴールします。

1歳児

19 くまさんの野菜畑

流れとねらい ボールを拾ってかごに入れるという目的に合わせて行動し、親子でくまとのやりとりを楽しみます。

準備する物

〈くまのお面〉
色画用紙でくまの顔を作る。これを細長く切った色画用紙に貼りつける。両端を折り、輪ゴムを通して、ホチキスで留め、上にセロハンテープでカバーする。

- くまのお面
- かご
- ボール (適宜)

成功アドバイス

★「くまさんが野菜畑でたくさん野菜をとってきました。ちょっとひと休み…と思ったら、野菜が転がってしまいました。みんなで野菜を拾ってあげましょう」とアナウンスします。
★くま役の保育者は泣くポーズをするなどの演技をして、会場を盛り上げましょう。

進め方

❶ 円の外側で親子がスタンバイ

2mくらいの円を描き、円の外側に親子が座ります。

❸ かごのボールを散らす

くまは、アナウンスに合わせて前かがみになり、ボールを円内に散らします。

❷ くまが円の中に入る

くまのお面をつけた保育者が、ボールを入れたかごを背負って、円の中に入ります。

❹ ボールを拾ってかごに入れる

子どもはボールを拾ってくまのかごに入れます。保護者は「あそこにもあるよ」とボール拾いを促します。全部入れたら、みんなで拍手をしてから退場します。

❶〜❸

あ〜〜っころがっちゃった

❹

ありがとう

ここにもあるよ!

ハイ

20 げんこつ山で遊びましょ

1歳児

**流れと
ねらい** リズミカルな手遊びを楽しむとともに、体を使った大きな動きで
「時計」「飛行機」などになりきって遊びます。

成功アドバイス

★「元気な親子がげんこつ山に集まりましたよ。みんなで手遊びをやってみましょう」
などとアナウンスも工夫するとよいでしょう。

★「体遊び」は、事前に何をするか伝えないことで、親子ともワクワクします。保育者
が前で行ってみせるとよいでしょう。

進め方

❶アナウンスと一緒に 親子で手遊び

アナウンスがあったら❶〜❻のように『げんこ
つ山のたぬきさん』の手遊びをします。

❷次に体遊びをする

「またあした」で手遊びが終わったら、その場で「体
遊び」を説明しながら、続けて遊びます。3回ほどく
り返してやってみましょう。たとえば「はい、時計！
お子さんを脇で支え、だっこして左右に揺らします」
などとアナウンスで体遊びを促します。

---

❶♪げんこつ山の たぬきさん
両手をグーにして交互
に打ち合わせる。

❷♪おっぱい のんで
両手をグーで重ね、
口に当てる。

❸♪ねんねして
両手を合わせてほほに
つけ、眠るしぐさ。

❹♪だっこして
両手を胸の前で
交差させる。

❺♪おんぶして
両手をうしろに回し、
おんぶするしぐさ。

❻♪またあした
両手をグーにして、たぐるように回す。
「た」で親子で手を合わせる。

❼時計
子どもの体を脇で支え、
左右に揺らす。

❽飛行機
子どもの体を横に抱
いてひと回りする。

❾エレベーター
子どもの体を脇で支え、
上げ下ろしをくり返す。

21 空とぶだっこマン

流れと
ねらい 子どもはだっこマンに変身して、少しずつ高くなる障害物を乗り越えていきます。障害物の高さに合わせて、だっこの高さが変わる変化を楽しみます。

準備する物

● 草、建物、山
● だっこマンの衣装（人数分）

〈草、建物、山〉

10cm

 15cm

 20cm

各80cm

草や建物、山の形に切った段ボールの上に色画用紙を貼る。裏につなげた牛乳パックをつける。建物は草より少し高くし、山は建物より少し高くする。

〈衣装〉
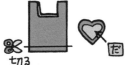
切る
だ

レジ袋の下を切る。ハート形に切った色画用紙に、「だ」の字を書いてレジ袋に貼る。

成功アドバイス

★草、建物、山を少しずつ高くすることで動きに変化がつきます。

★「『だっこ～！』。おや、どこかでだっこマンが呼んでいますよ。思いきりだっこしてあげてくださいね」などとアナウンスをして盛り上げます。

進め方

❶草、建物、山をセッティング

コース上に図のように、草、建物、山を高さの低い順に並べます。子どもはだっこマンの衣装を着ます。

❷だっこで草を飛び越える

スタートの合図で親子一緒に1組ずつスタートし、保護者が先に草を跳び越え、子どもを抱き上げて草を跳び越えさせます。

❸建物、山を飛び越える

同様に、建物、山を飛び越え、最後は保護者が子どもを高く抱き上げ「たかいたかい」をしてからゴールします。

２～３歳児向け種目の考え方

勝ち負けより大切なもの

　２～３歳児には他者と競い合うという意識がまだ育っていません。「しっかり！」「がんばれ！」という、競争心をあおるような言葉かけよりも、「高く跳べたね」「まっすぐ走れたね」と、できたことを認めて、ほめたり励ましたりするほうが効果的です。種目も勝ち負けがつくものでなく、みんなが楽しんで参加できるものを選びましょう。

熱中症に注意して

　季節がいつであっても、子どもも大人も熱中症には注意をして、こまめに水分補給を促しましょう。特に、２～３歳児は体力がつき始めているので、体調が悪くなりかけても、無理をしてしまうことがあります。運動したあとは、水を飲んだり、汗をふいたり、日陰で休ませるなど、きめ細かく子どもの様子を把握するようにしましょう。

2〜3歳児

みんなで作ろう おかしの城

流れと
ねらい

歩いたり走ったり、おかしを選んで飾ったり、ひとりでできるかな？
みんなで飾ったお城を見て、達成感が生まれます。

🍀 準備する物

●**お城**

●**おかしのパーツ**
（人数分以上）

●**テーブル**

〈お城〉
段ボール箱を重ねてテープ
で固定する。前面に接着式
のフックを取りつける。

70cm
70〜80cm

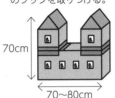

〈おかしのパーツ〉
段ボールをおかしの形に
切り、色画用紙を貼りつ
けて、おかしの模様を描
く。上にひもをつける。

成功 アドバイス

★おかしを選んだり、フックにかけ
たりする場所には保育者がついて、
声かけや補助をしましょう。
★おかしの名前を教えてあげてもい
いでしょう。

進め方

❶おかしとお城を セッティング

コース上に図のようにテー
ブルにおかしを置き、その
先にお城を設置します。

❷おかしを取る

スタートの合図で、子ど
もは中央のテーブルまで
走り、おかしをひとつ取
ります。

❸おかしをお城の フックにかける

次にお城まで走り、好きな位置のフック
におかしをかけます。折り返してスター
ト位置に戻り、次の走者と交代します。

2 幸せの鈴を鳴らそう！

流れと ねらい 2つのトンネルをくぐって最後に鈴を鳴らします。ルールに合わせた動きや、バランスのよい体の動きを発達させます。

準備する物

- 花のトンネル
- リボンのトンネル
- 幸せの鈴
- 旗立て台（2個）

〈花のトンネル〉
フープの上部にフラワーペーパーの花をつける。

〈リボンのトンネル〉
フープの上部にすずらんテープを貼り、その上からカラーポリ袋で作ったリボンをつける。

〈幸せの鈴〉
大きめの鈴にゴムを通し、端にリングを取りつけたひもをつける。これをポールにつける。

30cm

成功アドバイス

★スタートからゴールまでの距離は、子どもの発達に合わせて調節しましょう。2歳児なら5m程に。

アレンジ トンネルとトンネルの間に、マットで作った山などを加えると運動量が増えます。

進め方

❶トンネルと鈴をセッティング

コース上に図のように、花のトンネル、リボンのトンネルを設置します。保育者は、フープをしっかりと持ちます。幸せの鈴を結束バンドで固定して設置します。

❷トンネルをくぐって鈴を鳴らす

スタートの合図で、子どもは走って、花、リボンのトンネルをくぐり、最後に鈴のひもを引いて鳴らしてからゴールします。

2～3歳児

靴合わせレース

流れとねらい 片方だけになった靴を両方探し出して靴箱へ。物をよく見る力、同じ物を対にする判断力を養います。

準備する物

● **靴**（人数より多め）
● **靴箱**
● **シート**（2枚）

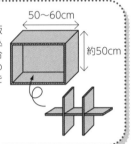

〈靴箱〉
段ボール箱に、板段ボールに切り込みを入れて組み合わせたものをはめ込んで、仕切りを作る。

50～60cm
約50cm

成功アドバイス

★2歳児の場合、長靴、サンダル、スニーカーなど、違いがはっきりとわかりやすいものを選ぶとよいでしょう。

進め方

❶靴と靴箱をセッティング

コース上に図のように、2枚シートを敷いて、それぞれに靴を片方ずつ並べます。コースの最後に靴箱を設置します。

❷靴のペアを探す

スタートの合図で、子どもは第1シートで靴をひとつ選び、第2シートに進んで対になる靴を探します。

❸靴箱に入れる

靴が見つかったら、靴箱にそろえて入れてからゴールします。

スタート

1つとってね

お相手の靴はどれかな？

これだ！

靴箱にしまえるかな？

ゴール！

ゴール

第1シート　第2シート

4 とれたて野菜はおいしいよ！

流れと ねらい 2人で力を合わせて大きな野菜を運びます。体を大きく動かしながら、ルールを理解して作業することを学びます。

✿ 準備する物

- ●**車（2個）**
- ●**大きな野菜**（ペア数分）
- ●**野菜を入れる箱**
- ●**シート**

〈車〉
段ボール箱に色画用紙のタイヤを貼る。綿ロープを箱に通して固定し、先に結び目を作って持ちやすくする。

40cm

〈大きな野菜〉
気泡緩衝材や紙などを丸めて野菜の形にし、カラーポリ袋をかぶせてテープで留める。だいこんやにんじんなどは、葉っぱの部分をカラーポリ袋で作る。

20〜30cm

〈野菜を入れる箱〉
段ボール箱の側面に、フラワーペーパーの花を貼って飾りつける。最後に全員で引く場合には、片面に長めのロープをつける。
50cm

成功 アドバイス

★「イチ・ニ、イチ・ニ」など、かけ声をかけて足並みをそろえ、協力し合うように伝えます。

★野菜は遠くからでも目立つよう、大きくカラフルに作りましょう。

★すべての野菜を入れ終わった箱を、全員で引っ張って会場を一周してから退場すると子どもの満足感が高まります。

 進め方

❶ 車、野菜、箱をセッティング

スタート位置に野菜をのせる車を置きます。コース上にシートを敷き、大きな野菜を並べます。その先に野菜を入れる箱を設置します。

❷ 野菜を車にのせる

子どもはペアになり、スタートの合図で野菜コーナーへ進み、野菜をひとつ選んで車にのせます。

❸ 野菜を箱に入れる

車を引っ張って、野菜を入れる箱まで行き、箱の中に運んできた野菜を入れてから、車を引っ張ってスタート位置に戻り、次の走者に交代します。

5 たこ釣り、いか釣り、魚釣り

流れとねらい シートの下からどんなお魚が釣れるかな？ ルールに従って動き、何が釣れるかわからないおもしろさを楽しみます。

✿ 準備する物　●たこ、いか、魚（人数分）　●ブルーシート

〈たこ〉
紙を丸めてカラーポリ袋で包んで留める。色画用紙で目と口を、細長く切ったカラーポリ袋を貼ってあしを作る。上部にビニールひもを貼り、端に輪にした綿ロープをつけて持ち手にする。

〈いか〉
気泡緩衝材を芯にして、カラーポリ袋を筒状に巻いて留める。上部を三角に切った色画用紙で挟む。色画用紙で目を、細長く切ったカラーポリ袋を貼ってあしを作る。たこと同様に持ち手をつける。

〈魚〉
紙を丸めて魚の形にし、カラーポリ袋で包んで留める。色画用紙で目を、ビニールテープでうろこの模様をつける。たこと同様に持ち手をつける。

各40〜50cm

各50cm

たこのあしは8本、いかのあしは10本にすると、より本物らしくなります。

成功アドバイス

★3歳児の場合には、サメなど大きな魚を加えて変化をつけてもよいでしょう。

★「広い海にはいろいろなものが泳いでいます。さあ、子どもたちは何を釣ってくるでしょう」などのアナウンスで盛り上げましょう。

進め方

❶たこ、いか、魚をセッティング

図のようにたこ、いか、魚を並べ、上からブルーシートをかぶせ、両端を保育者が押さえます。持ち手は、シートの外側へ出しておきます。

❷持ち手を引いて魚釣り

スタートの合図で、子どもはシートまで走ります。持ち手を選んで引き、スタート位置に戻ります。次の走者と交代します。

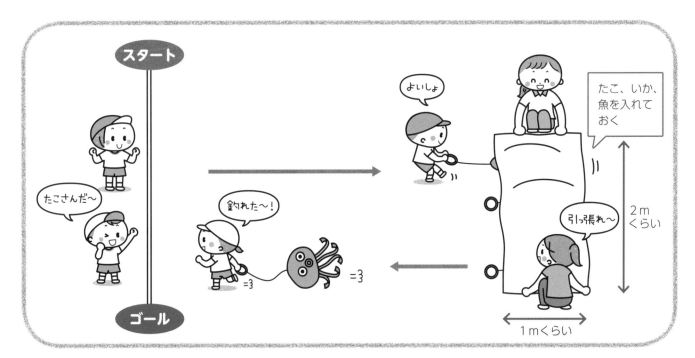

6 おやつはまだかな？

流れとねらい　ぞうさんの口まで、果物のおやつを走って届けます。
おやつを選ぶ、口に入れるというルールを理解して行動します。

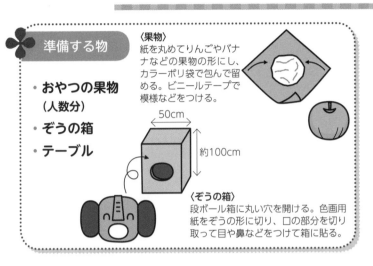

準備する物

- **おやつの果物**（人数分）
- **ぞうの箱**
- **テーブル**

〈果物〉
紙を丸めてりんごやバナナなどの果物の形にし、カラーポリ袋で包んで留める。ビニールテープで模様などをつける。

50cm
約100cm

〈ぞうの箱〉
段ボール箱に丸い穴を開ける。色画用紙をぞうの形に切り、口の部分を切り取って目や鼻などをつけて箱に貼る。

成功アドバイス

★「ぞうさんが大きな口を開けておやつを待っています。おいしいおやつを届けてあげましょう」などのアナウンスで盛り上げましょう。

★2歳児は、おやつをりんごとバナナなど2種類程度にし、3歳児は種類を多くしてもよいでしょう。

進め方

❶おやつとぞうの箱をセッティング

コース上にテーブルを置き、その上におやつを並べます。その先にぞうの箱を設置します。

❷おやつを選ぶ

スタートの合図で、子どもはテーブルまで走り、おやつをひとつ選びます。

❸ぞうの口に入れる

おやつを持ってぞうの箱まで進み、口に入れたらゴールします。

7 ちょうちょうのトンネル

流れとねらい 様々な高さのトンネルをくぐって進むレース。
「立つ」「しゃがむ」「はう」などの体の動きを調整する力を養います。

準備する物

- **ちょうちょうのトンネル（3個）**
- **ちょうちょう（人数分）**
- **台**

〈ちょうちょうのトンネル〉
棒に、ちょうちょうとフラワーペーパーの花を貼る。ちょうちょうは、筒状にしたカラーポリ袋の中央をモールで留めて作る。棒の両端を結束バンドで留める。これを高さを変えて3つ作る。

〈ちょうちょう〉
筒状にしたカラーポリ袋の中央を細く切ったカラーポリ袋で結ぶ。これを細く切った厚紙に貼り、台に刺す。

成功アドバイス

★トンネルをくぐる順番をわかりやすくするため、コースにラインで道順を引いておくとよいでしょう。
★2歳児は、トンネルやちょうちょうのところに保育者がついて声かけしてあげましょう。

進め方

❶トンネルとちょうちょうをセッティング

コース上に図のように、高さを変えたちょうちょうのトンネルを3カ所設置します。その先に、厚紙につけたちょうちょうを台に立てておきます。

❷トンネルをくぐる

スタートした子どもは、高さの異なるトンネルをくぐります。

❸ちょうちょうを取る

最後にちょうちょうをひとつ取ってゴールします。

⑧ 強いぞ 桃太郎

流れと ねらい 桃太郎になってオニ退治！ ボールを受けたり、投げたり、宝物を運んだりするルールに合わせて、体を動かすことを楽しみます。

🍀 準備する物

- ●**桃太郎はちまき**（人数分）
- ●**スロープ**
- ●**鬼ヶ島**
- ●**オニ**（3本）
- ●**宝物**（人数分）
- ●**ボール**（数個）

〈はちまき〉
色画用紙の帯に桃の絵を貼り、輪ゴムを通してホチキスで留め、上にセロハンテープでカバーする。

〈スロープ〉
板段ボールを三角に折ってガムテープで留める。

〈オニ〉
ペットボトルの上部に、色画用紙で作ったオニの顔を貼る。
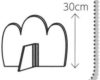

〈宝物〉
ウレタン積木、または空き箱のそれぞれの面に星形の色画用紙を貼る。

〈鬼ヶ島〉
板段ボールを鬼ヶ島の形に切り、色画用紙を貼る。裏に支えをつけて立たせる。
30cm

成功 アドバイス

★それぞれのコーナーの間は2〜3mを目安にします。
★「元気な桃太郎の登場です。ボールを転がしてオニたちをやっつけたら、立派な宝物を持って帰ります」などのアナウンスで盛り上げましょう。

進め方

❶ スロープ、オニ、宝物をセッティング
コース上に図のように、スロープを置き、鬼ヶ島を置いて前にオニを並べます。その先に宝物を積み重ねて設置します。

❷ ボールを受け取る
スタートした子どもは、スロープの前で保育者が転がしたボールを受け取ります。

❸ オニを倒す
鬼ヶ島へ進み、ボールを転がしてオニを倒したら宝物まで走ります。

❹ 宝物を持つ
宝物をひとつ選び、手に持ってゴールします。

歯みがきピカリン

流れとねらい ねこの歯を歯ブラシでゴシゴシ。歯みがきの大切さを知るとともに、ルールに従って行動する力を養います。

♣ 準備する物

- **歯ブラシ**
- **ねこ**
- **テーブル**
- **黒い軍手**

〈歯ブラシ〉
新聞紙を丸めて、棒状にし、端にギザギザに切った不織布を縫いつける。

〈ねこ〉
板段ボールをねこの形に切り、ポスターカラーで色をつける。目の部分に両面テープを貼る。目は丸く切った画用紙の表裏に描き、両面にセロハンテープを貼る。ねこの口の部分には穴を2個開け、軍手をはめた保育者が手を出せるようにする。

成功アドバイス

★スタートからねこまでは5mが目安です。

★最後は「歯みがきのおかげでねこさんもニコニコです。みんなも歯みがきを忘れないでね」などとアナウンスしましょう。

進め方

①歯ブラシとねこをセッティング

コース上に図のように、歯ブラシとねこを設置し、うしろに保育者が隠れます。

②歯ブラシを取る

スタートの合図で、テーブルまで走って歯ブラシを取り、ねこのところへ進みます。

③歯ブラシでねこの歯をみがく

ねこのうしろにいる保育者は、軍手をした手を出して指を動かします。子どもが歯ブラシで軍手をこすったら、手を引っ込めます。

④ねこの目がニコニコに

子どもは歯ブラシを戻してスタート位置に戻り、次の走者と交代します。全員が終わったら、保育者はねこの目をひっくり返し、「ニコニコの目」に替えます。

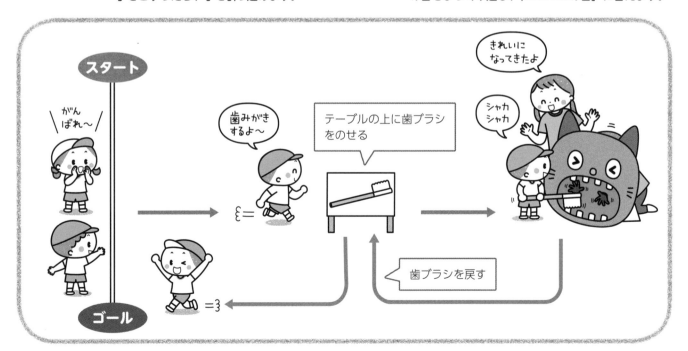

2～3歳児

10 りんごの木 みかんの木

流れと ねらい　りんごとみかん、どっちの木に貼ったらいいのかな？
玉の色を区別して、判断する力、考える力を養います。

準備する物

- **赤玉（りんご）、黄玉（みかん）**
  （人数分より多め）
- **玉を入れる箱**
- **りんごとみかんの木**
  （各1個）

〈赤玉、黄玉〉
新聞紙を丸めてカラーポリ袋で包んで留める。ビニールテープやカラーペンで模様をつける。

〈玉を入れる箱〉
段ボール箱の上部に穴を開け、側面に色画用紙で作ったりんごとみかんを貼る。

約50cm

〈りんごとみかんの木〉
板段ボールを木の形に切って、色画用紙を貼る。子どもの手の届く高さに両面テープを貼る。裏に段ボール箱の支えを貼る。

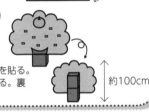

約100cm

成功アドバイス

★りんごとみかんの木の違いがはっきりわかるように、木の色を変えます。

★2歳児は、りんごだけにするなど、1種類だけで行ってもよいでしょう。

★距離は片道約5mが目安です。

進め方

① 箱と木を設置する

コース上に図のように、赤玉と黄玉を入れた箱とりんごとみかんの木を設置します。

② 箱の中から玉を取る

スタートの合図で箱まで走り、箱の中から玉をひとつ取り出します。

③ 木に貼りつける

赤玉はりんごの木、黄玉はみかんの木に貼りつけてスタート位置まで戻り次の走者と交代します。

11 なんでも食べるよ！

流れと ねらい ３つの食品カードを集めながら進むと、満点王子からプレゼントがもらえる競技。自分でカードを選ぶことで、自主性と判断力が身につきます。

🍀 準備する物

- ●色画用紙などで赤、黄、緑に色分けしたタオルハンガー（３台）
- ●食品カード（人数分）
- ●満点王子の衣装
- ●ブレスレット（人数分）

〈食品カード〉
画用紙に食品の絵を描き、リボンをつける。リボンの色は食品群別に変える。
（例）赤：肉・魚、黄：パン・ごはん、緑：野菜

20cm

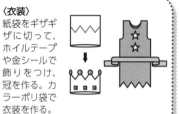

〈衣装〉
紙袋をギザギザに切って、ホイルテープや金シールで飾りをつけ、冠を作る。カラーポリ袋で衣装を作る。

〈ブレスレット〉
不織布リボンに切り込みを入れて、ゴムを通す。ひだを寄せながらゴムの両端を結ぶ。

成功アドバイス

★練習の時、赤→黄→緑の順に進むことをルールとして子どもに教えておきます。

★「赤には肉や魚、黄色にはパンやごはん、緑には野菜のカードがかかっています。上手に３つのカードがとれると、満点王子から栄養満点ブレスレットがもらえます」とアナウンスしてから始めましょう。

進め方

❶タオルハンガーをセッティング

コースに、赤・黄・緑の順でタオルハンガーを設置し、そこに食品カードをかけておきます。満点王子役の保育者は、衣装を着て、ブレスレットを持ち、ゴールでスタンバイ。

❷赤のハンガーからカードを選ぶ

スタートの合図で、赤のタオルハンガーまで走り、好きな食品カードを選び、首にかけます。

❸黄、緑からもカードを選ぶ

同様に、黄、緑のタオルハンガーと順に進み、食品カードを１枚ずつ選びます。

❹ブレスレットをもらう

３枚の食品カードがそろったらゴールし、満点王子から栄養満点ブレスレットをもらいます。

12 おっとっとボール

**流れと
ねらい**　上手にボールを網に入れられるかな？　ボールを投げる、網でキャッチする
というやりとりの中で調整力を養います。

準備する物

- **ボール**（数個）
- **網**
- **箱**（2個）
- **フープ**（2個）

成功アドバイス

★フープⒶ・Ⓑの間隔は、子どもの発達に合わせて加減しましょう。
30cmくらいから始め、じょじょに間隔を伸ばします。

★2歳児は、ボールが入るまで何回もくり返し、3歳児はひとり5
球など回数を決めてもよいでしょう。

進め方

❶フープと箱をセッティング

コースにフープⒶ・Ⓑを置きます。フープⒷに網を持った保
育者が入り、そばにボールを入れる箱を置きます。

❷フープに入る

スタートの合図でフープⒶまで進みます。

❸ボールを網に投げる

子どもはボールを受け取り、網に向かってボールを投げます。
保育者はボールを網でキャッチしたら、箱に入れます。

❹スタート位置に戻る

ボールを投げ終わったら、スタート位置に戻
り、次の走者と交代します。

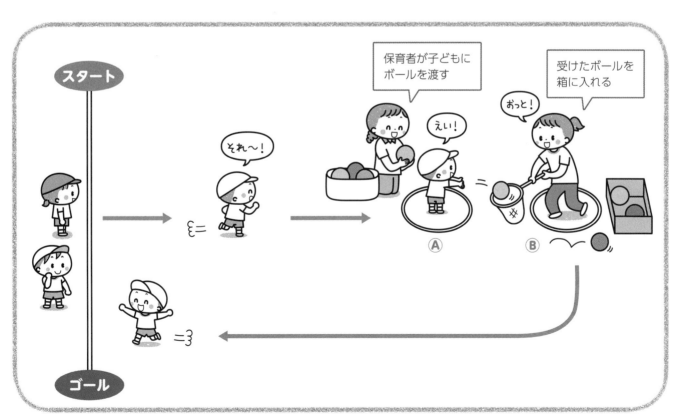

13 積木動物園

**流れと
ねらい** 頭と体に分かれた動物積木を完成させる競技。
組み合わせを考える力を養います。

準備する物

● **動物積木**（人数分）

頭部と胴体に分けた動物の絵
を用意し、それぞれ1辺
30cmくらいの段ボール箱
（またはウレタン積木）に貼る。

成功アドバイス

★遠くからでもわかりやすい動物を選びます。

★「たくさんの動物がいます。おや？ 頭と体がばらばら
です。頭と体を合わせて動物園を作りましょう」とアナウ
ンスしてから始めましょう。

★積木は人数分用意。すべて完成させると子どもたちの満
足感が高まります。

進め方

❶動物積木をセッティング

コース上に図のように動物積木を並べます。
頭を手前、体を奥に置きます。

❷絵柄を完成させる

スタートの合図で、子どもは動物の頭の積木まで走り、
ひとつ選びます。その動物の体の積木を探して上にのせ
ます。スタート位置まで戻り、次の走者と交代します。

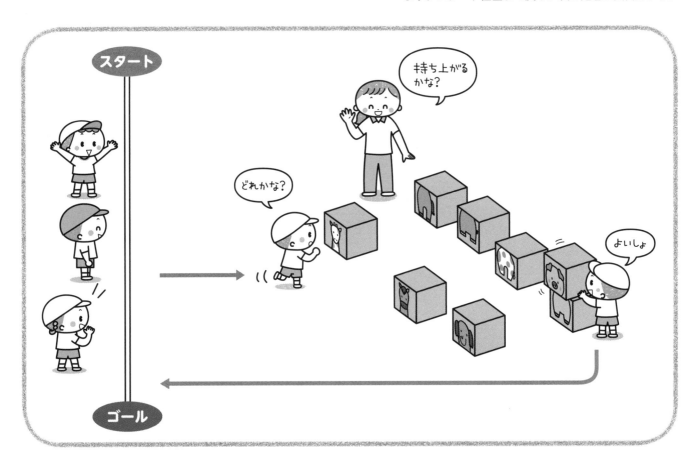

2〜3歳児

14 魔法の扉

流れとねらい 太鼓をたたいて、魔法の扉の中にある勇者の冠を手に入れる競技。
魔法の扉を開くためのルールを理解し、行動する力を養います。

♣ 準備する物

- ●宝箱
- ●太鼓
- ●バチ（2本以上）
- ●扉
- ●勇者の冠（人数分）
- ●冠をのせる台

〈宝箱〉
段ボール箱にふたをつける。周りに色画用紙を貼って飾りつける。

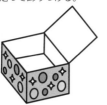

〈扉〉
板段ボールを扉の形に切り、ポスターカラーで色をつける。裏に支えをつけて自立させる。

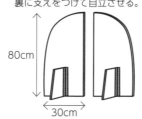

80cm

30cm

〈勇者の冠〉
工作用紙を冠の形に切って、頭の形に合わせて丸めて留める。ミラーテープなどを貼って飾りつける。

成功アドバイス

★扉までの距離は10m未満にしましょう。

アレンジ 3歳児は、宝箱を2つ用意し、それぞれに「太鼓のバチ」「タンブリン」を入れ、選んだ方を鳴らして冠を手に入れるなど、選択肢を広げても楽しめます。

進め方

❶宝箱、太鼓、扉をセッティング

バチを入れた宝箱、太鼓、扉を図のように設置します。扉の裏には、冠を台にのせて隠しておきます。

❷宝箱からバチを取り太鼓をたたく

スタートの合図で子どもは宝箱まで走り、その中からバチを取り出し太鼓へ進み、バチで太鼓をたたきます。

❸扉の中の冠をかぶる

太鼓が鳴ったら保育者が扉を開きます。子どもは、中にある勇者の冠を取ってかぶり、スタート位置に戻ります。次の走者と交代します。

45

2～3歳児

みんなで作ろう びっくりケーキ

流れと
ねらい
土台にいちごを貼ってみんなでケーキを完成させよう！
ケーキを作る目的に合わせて行動することを楽しむ競技です。

準備する物

● **ケーキの土台**

● **いちご**
（人数分）

〈ケーキの土台〉
板段ボールを円柱の形にし、中に丸めた新聞紙を詰める。上から丸く切った板段ボールでふたをして留める。これを大小作って貼り合わせ2段にする。色画用紙を筒状に丸めてろうそくを作り、上段に貼る。下段にいちごと同数の両面テープを貼る。また、引っ張るための綿ロープをつける。

〈いちご〉
紙を丸めてカラーポリ袋で包んで留める。へたの部分は色画用紙で作って貼る。油性ペンで模様を描く。

30cm

約80cm

成功 アドバイス

★ケーキは動かすので、土台の段ボールにしっかりと貼りつけるようにしましょう。

★ケーキは子どもが手の届く範囲で大きめに作りましょう。

進め方

❶ケーキの土台をセッティング

コース上に、ケーキの土台を設置します。

❷いちごを貼る

子どもは各自いちごを持ってスタンバイ。スタートの合図で、ケーキの土台まで走り、両面テープの部分に貼りつけて戻り、次の走者と交代。

❸ケーキを引っ張って退場

全員がいちごを貼り終わったら、保育者がスタートまでケーキを運び、できあがったケーキを引っ張って、会場を一周して退場します。

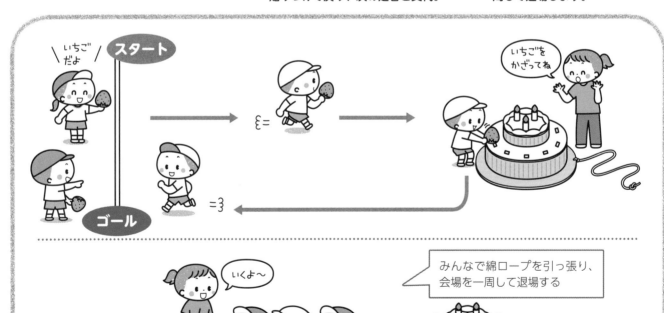

みんなで綿ロープを引っ張り、会場を一周して退場する

2〜3歳児

16 できたて！ パンケーキ屋さん

流れと ねらい コックさんの帽子をかぶってパンケーキ屋さんに変身！
パンケーキを作ったり、運んだりしてコックさんの役を楽しみましょう。

❀ 準備する物

- **コックさんの帽子**（人数分）
- **フライパン**
- **パンケーキ**（人数分）
- **皿**
- **テーブル**（2台）

〈帽子〉
子どもの頭の大きさに合わせて厚紙の輪を作る。画用紙の端を山形に切り、厚紙の輪に巻きつけて留める。

〈パンケーキ〉
丸く切った段ボールにケーキの色の色画用紙を貼る。

〈フライパン〉
フライパンの形に切った段ボールに色画用紙を貼る。

〈皿〉
楕円形に切った段ボールに色画用紙を貼り、縁にシールを貼って飾る。

成功 アドバイス

★パンケーキを皿の上に次々と重ねるのがおもしろいところ。
★全員が終わったところで「おいしいパンケーキがたくさんできましたよ」などのアナウンスで盛り上げます。

進め方

❶ フライパンと皿をセッティング

コース上に図のようにテーブルⒶ・Ⓑを設置し、Ⓐにはフライパン、Ⓑには皿を置きます。子どもはコックさんの帽子をかぶってスタンバイ。

❷ パンケーキをフライパンにのせる

スタートの合図で、Ⓐに進み、フライパンの上に保育者から受け取ったパンケーキをのせてⒷへ進みます。

❸ パンケーキを皿にのせる

Ⓑでパンケーキを皿に移し、フライパンを持ってⒶに戻ります。

❹ フライパンを戻してからゴール

Ⓐにフライパンを置いてから、スタート位置に戻り、次の走者と交代します。

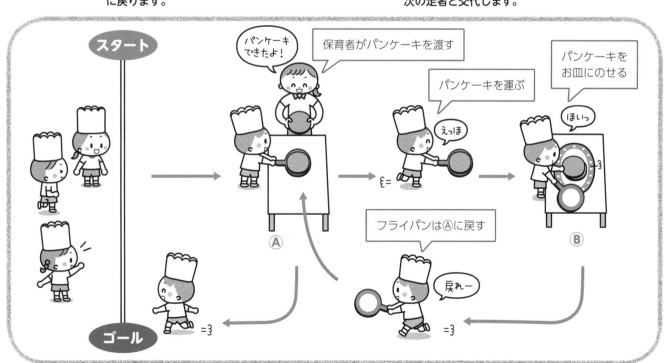

17 コロコロおむすびすっとんとん

流れと ねらい　「コロコロおむすびすっとんとん」というかけ声をかけながらおむすびを転がします。転がすことを楽しみながらルールを覚えます。

✿ 準備する物

● おむすび（人数分）

● おむすびを入れる箱

〈おむすび〉
紙を丸めて三角形にし、カラーポリ袋で包んで留める。のりの部分は色画用紙を貼り、油性ペンで模様を描く。

〈箱〉
段ボール箱に板段ボールで斜面をつけて、転がせるようにする。穴を4カ所開けて綿ロープ2本を通して背負えるようにする。

40cm
30cm
30cm

成功 アドバイス

★スタートから⑧までは5mが目安です。

★箱のそばにいる保育者は、ねずみやおじいさんのお面をつけてもいいですね！

 進め方

❶おむすびと箱をセッティング

コース上におむすびⒶとおむすびを入れる箱Ⓑを設置します。保育者はⒷのそばに立ちます。

❷おむすびを取る

スタートの合図で子どもはⒶまで進み、おむすびをひとつ取ります。

❸斜面で転がす

Ⓑに進み、「コロコロ…すっとんとん」と声をかけながら、箱の斜面でおむすびを転がして中に入れます。スタート位置に戻り、次の走者と交代します。

❹一緒に退場

全員がおむすびを入れたら、保育者は箱を背負って子どもと一緒に退場します。

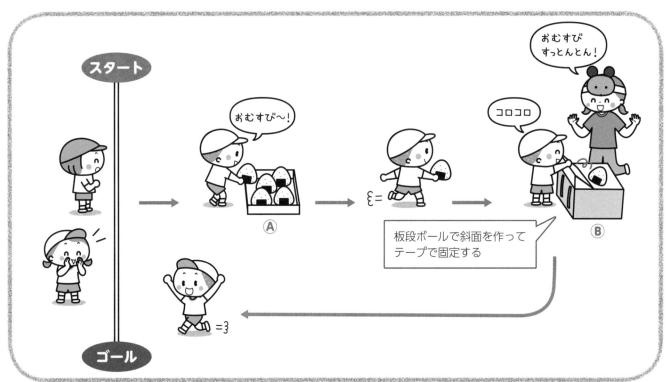

18 恐竜のたまご

流れとねらい
恐竜のたまごを箱に乗せて、恐竜さんに届けます。
持つ、運ぶ、入れるという目的に合わせた行動力を養います。

♣ 準備する物

- ●恐竜のパネル
- ●恐竜のたまご（人数分）
- ●ひもつきの箱（2個）

〈恐竜のパネル〉
板段ボールを恐竜の形に切り、ポスターカラーで色をつける。背の凹凸などの細かいパーツは色画用紙を貼る。できたパネルに箱を貼りつける。裏には支えをつける。

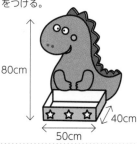

80cm
50cm
40cm

〈ひもつきの箱〉
段ボール箱に穴を開けて綿ロープを通し、内側からとめる。

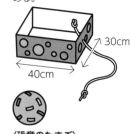

40cm
30cm

〈恐竜のたまご〉
ボールにビニールテープを貼って模様をつける。

成功アドバイス

★「大きなボールは恐竜のたまごです。みんな落とさずに恐竜のところまで運べるでしょうか」などとアナウンスして盛り上げましょう。
★ひもつきの箱は、2歳児が行うときは深めのものにするとボールが落ちにくいでしょう。
★スタートから恐竜のパネルまでは5mを目安にしましょう。

進め方

❶ 恐竜のたまごとパネルをセッティング

コース上に図のように、恐竜のたまご、恐竜のパネルを置きます。たまごの横で保育者が座ります。

❷ たまごを受け取る

スタートの合図で、ひもつきの箱を引きながらたまごのところに進み、保育者からたまごを受け取り箱に入れます。

❸ 恐竜の箱にたまごを入れる

恐竜のパネルまで進み、たまごを恐竜の箱に入れてからスタート位置に戻り、次の走者と交代します。

19 あかちゃん ねんね

流れと
ねらい　人形を抱いたり、寝かせたりする日常の遊びを取り入れながら、急ぐだけなく、ていねいに物を扱うことを学びます。

準備する物

人形やぬいぐるみを大きめのタオルで包んで安全ピンで留める。

● 人形やぬいぐるみ、
　大きめのタオル（人数分）
● タオル（人数分）
● テーブル

成功アドバイス

★「おや、あかちゃんの泣き声がしますよ。〇組さん、あかちゃんをねんねさせてください」などとアナウンスを入れてみましょう。
★スタートからテーブルまでは5m未満を目安にしましょう。

進め方

❶保育者がスタンバイ

コース上にテーブルを設置し、その手前に人形を持った保育者が立ちます。

❷人形をだっこする

スタートの合図で、保育者から人形を受け取り、テーブルまで進みます。

❸人形を寝かせる

人形をテーブルにのせて、タオルをかけて寝かせます。

❹スタート位置に戻る

スタート位置まで戻り、次の走者と交代します。

20 ドロロンおばけボーリング

流れと ねらい フープを通ってボールでボトルを倒します。目標物へボールを投げる調整力を養い、おばけを倒すおもしろさを味わいます。

準備する物

〈おばけボトル〉
2ℓのペットボトルの中に、フラワーペーパーを入れる。色画用紙におばけの絵を描いて貼る。

● **おばけボトル**
（5〜7個）
● **ボール**（人数分）
● **フープ**（5〜7個）

成功 アドバイス

★おばけボトルは、2歳児は5本、3歳児は7本など、本数とボトルまでの距離も調節しましょう。

★「おばけ屋敷にやってきた子どもたちは、怖がらずにおばけを倒すことができるでしょうか？」などとアナウンスをして盛り上げましょう。

進め方

❶フープとボトルをセッティング

スタート地点からフープを並べ、その先におばけボトルを並べます。

❷フープを通ってボールを受け取る

スタートした子どもは、フープをひとつずつ通って進み、保育者からボールを受け取ります。

❸ボールを投げる

おばけボトルに向かってボールを投げます。3球投げたらスタート位置まで戻り、次の走者と交代します。

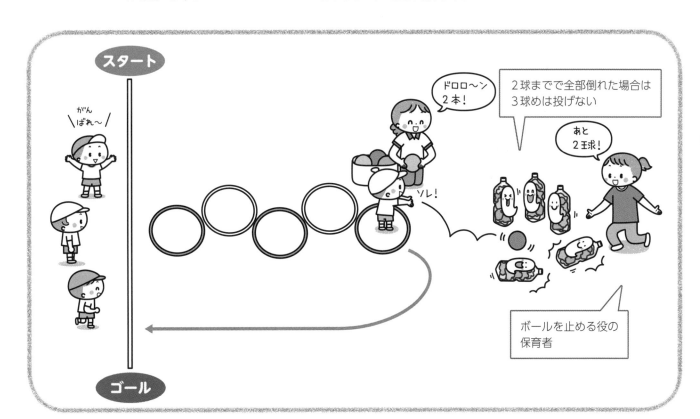

51

21 雨だれ玉入れ

流れとねらい 紅白の玉を雨だれに見立てて、傘の中に投げ入れる動きを楽しみます。最後は虹のトンネルをくぐって退場します。

準備する物

- ●ビニール傘（2本）
- ●紅白の玉（各10個以上）
- ●虹のトンネル

〈傘〉
ビニール傘に赤いビニールテープを貼る。同様に白いテープを貼った傘も作る。とがっている部分には丸いスポンジをつける。

〈虹のトンネル〉
虹の形に切った板段ボールに、ポスターカラーで7色に塗る。

約100cm

成功アドバイス

★速さを競うのではなく、雨だれを傘に入れる動きを楽しみます。先端部分は危険がないように、スポンジなどでカバーします。

★「雨があがって虹が出てきました！」などのアナウンスを入れて、虹のトンネルをくぐりましょう。

進め方

❶紅白に分かれて円に入る

地面にふたつの円を描き、それぞれに紅白の玉を散らします。子どもは紅白2チームに分かれて円の中に入ります。保育者ふたりは図のように傘を持ち、円の中心に立ちます。

❷傘に玉を投げ入れる

子どもは玉を拾って傘の中に投げ入れます。保育者は、時々傘を回して変化をつけます。

❸虹のトンネルをくぐって退場

両方のチームがすべての玉を入れ終わったら終了。最後は虹のトンネルをくぐって退場します。

22 お山は花ざかり

流れとねらい
花をひとつ選んで山をきれいに飾りましょう。
山に花を咲かせるという目的に合わせて、協力して行動する力を養います。

準備する物 　●花だん　●山

〈花だん〉
カラーポリ袋を二つ折りにし波形に切る。ストローの上部に巻きつけて、テープで留める。色画用紙を貼った牛乳パックをつなげて穴を開け、花（人数分以上）を立てる。

〈山〉
板段ボールを山の形に切り、ポスターカラーで色をつける。裏に段ボール箱などで支えをつける。表には、ホース（人数分以上）を切ってテープで留め、周りに色画用紙の葉を貼る。

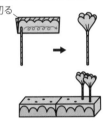

切る

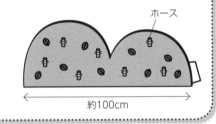

ホース

約100cm

成功アドバイス

★花は子どもたちが手作りで準備すると、競技に親しみを持つことができます。また、「この花は、子どもたちがひとつひとつ手作りしたものです」とアナウンスすることで、子どもたちの日頃の姿を伝えることができます。

進め方

❶花だんと山を配置
コースに花だんを置き、その先に山を設置します。

❷花を1本選ぶ
スタートした子どもは、花を1本選びます。

❸山に花をさす
山まで進み、好きな場所に花をさしてスタート位置に戻ります。

23 はねーるくんレース

**流れと
ねらい** 平ゴムやフープ、跳び箱を元気に跳び越える競技。
全身を動かし、跳躍力を高めます。

準備する物

- 輪にした平ゴム（200cm）
- フープ（3個）　● マット
- 跳び箱　　　　　● 踏み台
- タンブリン

成功アドバイス

★平ゴムの高さは、最初は足首くらいの高さから始めて練習します。
本番では子どもの発達に応じて調節しましょう。

★跳び箱の下にはマットを敷き、必ず保育者がついて安全に跳び下
りができるよう見守ります。

★タンブリンは、子どもひとりひとりの跳躍力に合わせて高さを調
節しましょう。子どもが手を上げた位置より少し高めがよいでしょう。

進め方

❶平ゴム、フープ、跳び箱をセッティング

コース上に図のように、平ゴム、フープ、跳び箱を設置します。ゴール近くに保育者がタンブリンを持って立ちます。

❷平ゴム、フープを跳び越える

スタートの合図で走り出し、平ゴム、フープを両足で跳び越え、跳び箱に上がります。

❸タンブリンをたたいてゴール

跳び箱を跳び下りたら、保育者が持っているタンブリンをたたいてゴールします。

平ゴムの輪は、ふたりの保育者がゴムを伸ばしながら間隔をあけて持つ

24 おいも綱引き

**流れと
ねらい** おいものお面をつけた保育者と子どもたちが綱引き。
力いっぱい綱を引いて全力を出します。

準備する物

〈おいものお面〉
色画用紙をおいもの形に切り、模様を描く。細長く切った色画用紙に貼りつける。両端を折り、輪ゴムを通して、ホチキスで留め、上にセロハンテープでカバーする。

● **おいものお面**
（保育者人数分）

● **綱**

成功 アドバイス

★最初は腰を落とし、しっかりと綱を持たせます。
★子どもの人数によって保育者の数を増やします。
★「土の中でがんばっているおいもたち。子どもたちと力比べです。がんばっておいもを抜きましょう」などとアナウンス。保育者も力を入れ、なかなか抜けないようにして盛り上げます。

進め方

❶綱を持ってスタンバイ

おいものお面をつけた保育者が、綱の一方を持ちます。子どもたちはもう一方を持ちます。

❷綱を引き合う

スタートの合図で綱を引き合います。綱の真ん中が子どもたちに寄ったら「おいもが抜けた」として、子どもたちの勝ちになり、おいもと一緒に退場します。

25 なりきりサイコロ

流れと ねらい サイコロを振って出てきた動物や虫になりきって、表現遊びを観客に披露します。

 準備する物

約30cm

● **サイコロ**

ウレタン積木（または箱）の6面に、動物や虫の絵を貼る。遠くから目立つように大きめに作る。
（例）ちょうちょう、ゴリラ、うさぎなど

成功アドバイス

★何の動物かわかるよう、「ゴリラだよ！」などアナウンスを入れてもよいでしょう。

★子どもがイメージを広げやすくするために、ゴリラの動きの時には太鼓をたたくなど、ＢＧＭを工夫しましょう。

★サイコロにつける動物は、子どもが動きをイメージしやすいものを2～3種類選ぶとよいでしょう。

進め方

❶円の中でスタンバイ

地面に円を描き、保育者と子どもが入り子どもはしゃがんでスタンバイ。

❷出た絵の動物になりきって踊る

保育者がサイコロを振って出てきた動物になりきって、自由に踊ります。3回くらいくり返したら、みんなで動物の動きをしながら退場します。

26 ケロケロ天気予報

流れとねらい 引いたお天気カードの指示通りのマークに進みます。
選んだ指示に合わせて行動する理解力、行動力を養います。

✿ 準備する物

- **お天気カード**（各1枚）
- **カードボックス**
- **晴れマーク**
- **雨マーク**
- **かえるの帽子**（人数分）

〈お天気カード〉
角を丸く切った画用紙におひさまの絵を2枚描き、割り箸を両側からはさむように貼り合わせる。同様に雨の絵のカードも作る。

20cm

〈晴れマーク〉
色画用紙でおひさまを作り、キラキラモールを周りに貼る。これを旗立て台の上部に貼る。

30cm

〈雨マーク〉
色画用紙で傘を作り、キラキラモールを貼る。水滴の部分はミラーテープを涙形に切って貼り合わせる。旗立て台に貼る。

〈かえるの帽子〉
カラー封筒の端を中に折り込んで留める。上部に画用紙の目玉を貼る。口をペンで描く。

中で留める

成功アドバイス

★お天気カードを引いた時、天気がわかるようにカードを高く上げるようにしましょう。

★保育者は、「晴れ、雨、どっち？」などと子どもに問いかけ、進む方向を理解できるよう指し示してもよいでしょう。

進め方

❶カードボックス、晴れ・雨マークをセッティング

コース上の®にお天気カードを入れたカードボックス、®に晴れマーク、©に雨マークを設置します。

❷引いたお天気カードの方へ進む

スタートの合図で、®でお天気カードを引きます。「晴れ」が出た場合は®へ、「雨」が出た場合は©へ進み、次の人を待ちます。最後はみんなで退場します。

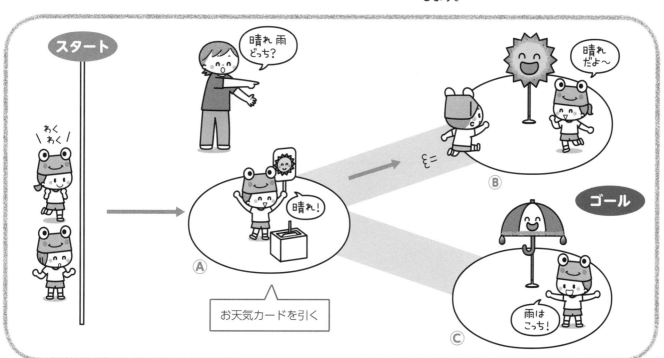

スタート

わくわく

晴れ 雨 どっち？

晴れ！

お天気カードを引く

Ⓐ

晴れだよ～

Ⓑ

ゴール

雨はこっち！

Ⓒ

27 かたづけはおまかせ!

流れと ねらい たくさん並んでいるおもちゃを、おもちゃ箱におかたづけ。目的に合わせて行動する力を養います。

準備する物

- **おもちゃ**(人数分)
- **シート**
- **おもちゃ箱**

成功アドバイス

★2歳児には、片手で持てる大きさで、壊れにくいおもちゃを用意します。
★「みんなが遊んだあとに、おもちゃが散らかっています。〇組さんは上手におかたづけできるかな?」などとアナウンスして盛り上げましょう。

進め方

❶おもちゃとおもちゃ箱を配置

コースの中央にシートを敷き、積木やぬいぐるみなどのおもちゃを並べます。その先におもちゃ箱を置きます。

❷おもちゃをおもちゃ箱に入れる

スタートの合図で、おもちゃまで走り、ひとつ取って、おもちゃ箱に入れます。スタート位置に戻り、次の走者と交代します。

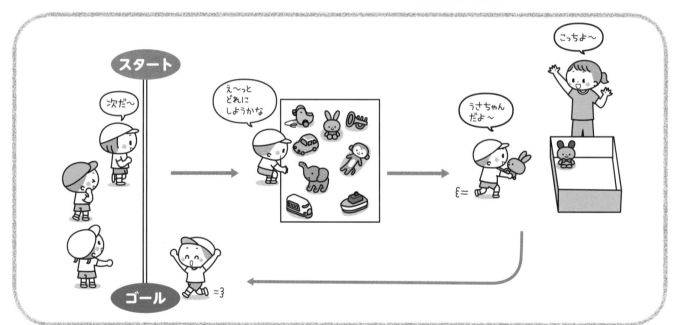

+1アイデア お砂場パトロール

おもちゃの代わりに、砂場道具をシートの上に置き、その先にふだん使っている道具入れを設置します。子どもは砂場道具をひとつ取り、定位置にかたづけてゴールします。

2〜3歳児 +保護者

28 おさんぽ楽しいね！

**流れと
ねらい**　平均台や巧技台、フープなどでいろいろな動きをし、ジャンプ力、バランス力などの発達を促します。親子一緒に体を動かしてふれあいを深めます。

準備する物

● マット（2枚）
● 平均台
● 巧技台（1セット）
● フープ（5個）

成功アドバイス

★平均台、巧技台の下にはマットを敷き、安全への配慮をします。
★平均台では急ぐと危険なので、あわてないように声をかけましょう。途中で落ちた場合は、その場から登ってスタートします。
★この他に、巧技台のはしごや、跳び箱などを組み合わせて、子どもの体力に合わせたコースを作ってみましょう。

進め方

❶平均台、すべり台、フープをセッティング

コース上に図のように、平均台、巧技台のすべり台、フープを設置します。

❷親子一緒に進む

保護者の足の甲に子どもの足を乗せてスタートし、次に平均台を渡り、すべり台をすべり、フープを跳び越えて進み、再び保護者の足に子どもの足を乗せて、スタート位置に戻ります。次の走者と交代します。

59

おゆうぎ

練習の
進め方

おゆうぎは、楽しく体を動かしながらリズム感を養います。子ども同士や親子で踊るおゆうぎは、運動会をにぎやかに盛り上げます。

日頃からリズムに合わせた動きを

おゆうぎに楽しく取り組むためには、日常保育のなかで音楽を流しながら、子どもたちと保育者が一緒に楽しく踊る環境づくりが大切です。

リズムに合わせて体を動かすには、拍子がはっきりしていて、メリハリのある曲がおすすめ。2〜3歳児の場合、テンポが速すぎる曲は、動きがついていきません。4拍子などで子どもの動きに合った曲と振付を選びましょう。

小道具を使い効果的な演出を

いつも踊っている曲も、ポンポンを持ったり、衣装をつけたりするだけで雰囲気が変わります。運動会では、手・足・体全体の動きを大きくするように練習しましょう。

また小道具を使うことで、華やかに元気に演出することができます。ポンポン、リボン、フープなどの手具を使ったり、お面や衣装をつけたりすることで、イメージが楽しく広がり、やる気も高まります。

+1 アイデア

きらきらぼし

準備する物　●星形のお面

●ポンポン
低年齢児が使う場合はフラワーペーパーなど柔らかい素材で作り、平ゴムをつける。ゴムで手首につけてもよい。

❶ ♪きらきらひかる
両手を上げて手首を振る。

❷ ♪おそらのほしよ
両手を大きく左右に振る。

❸ ♪まばたきしては
片手ずつ上げ下げする。

❹ ♪みんなをみてる
両手を2回大きく回す。

❺ ♪きらきらひかるおそらのほしよ
❶〜❷と同じ動作をする。

きらきらぼし　訳詞：武鹿悦子　作曲：フランス民謡

4～5歳児向け種目の考え方

苦手意識を持たせない

4～5歳児になると、勝ち負けが理解できるようになり、運動会で競い合う楽しさがわかり始めてきます。

半面「○ちゃんみたいに、速く走れない」と友だちと自分を比較して、運動に対する苦手意識を持つことも。保育者が練習や日常の保育で「○ちゃんに、どうしたら速く走れるか教えてもらおう」などと助言するのも効果的です。

結果より、努力する過程の大切さを伝えることが大事です。

みんなで力を合わせて！

競技だけでなく、入場門や万国旗なども、子どもたちみんなで力を合わせて手作りしてみましょう。それだけで「もうすぐ運動会だ！」という期待感が高まります。競技に使う製作物もみんなで作ってみましょう。風などに飛ばされないよう、安全に、丈夫に、かつカラフルに作るのがポイントです。

4～5歳児

ジグザグ リングレース

流れと ねらい リングにのせたボールを運ぶリレー。
バランス感覚を養い、ルールを守ることを覚えます。

✿ 準備する物

〈リング〉
気泡緩衝材を丸めて、ボールがのるくらいの大きさの輪にし、ビニールテープを巻きつける。

〈1チームにつき〉
● リング
● ボール（2個）
● 箱（共有する）
● 三角コーン（2～4個）

成功 アドバイス

★途中でボールを落としたら、スタート地点に戻るなどのルールを決めておきましょう。
★4歳児では箱までの距離を短くしてもよいでしょう。
★リングの代わりにプラスチックの皿を使ってもよいでしょう。

 進め方

❶ ボールをリングにのせて進む

コース上に図のように三角コーンと、その先に箱を置きます。子どもは2チームに分かれます。スタートの合図で、三角コーンをよけながら、ボールをリングにのせて落とさないように、箱の位置まで進みます。ボールを途中で落とした時には、拾ってスタート地点に戻り、再びのせてから進みます。

❷ ボールを箱に入れて戻る

箱の位置まで進んだら、ボールを箱に入れます。リングを持ってスタート位置に戻り、次の子どもにリングを渡してバトンタッチします。先に全員がゴールしたチームの勝ちです。

保育者は1レースごとにボールを次の走者に渡す

スタート

ゴール

8m

② ひとりで できるよ

流れと ねらい 服を着る・バッグをかける・帽子をかぶるなど日常生活の動作を競技に取り入れ、すばやく確実に身支度をすることを競うおもしろさを味わいます。

🍀 準備する物

〈1チームにつき〉
- ●園児服（スモックなど人数分）
- ●バッグ（人数分）
- ●園帽子（人数分）
- ●台（段ボール箱など2個）

成功 アドバイス

★5歳児の場合は、さらにハンカチやティッシュをバッグに入れる動作を加えるなど、年齢に応じてアレンジしてみましょう。

進め方

❶園児服とバッグをセッティング

コース上に図のように、第1の台の上に園児服を置き、第2の台にバッグと帽子を設置します。子どもは2チームに分かれてスタートラインに並びます。

❷服を着て、バッグをかける

スタートの合図で第1の台まで走り、服を着ます。第2の台でバッグを肩にかけ、園帽子をかぶってから、ゴールまで走ります。ゴールと同時に次の走者がスタート。先に全員がゴールしたチームの勝ちです。

スタート　がんばれー　第1の台　第2の台　ゴール　できたー

5m　　5m　　5m

③ せんたく大作戦

流れと ねらい チームで洗濯物を干す競争です。全員がスムーズに干せるように工夫することで、チーム力を養います。洗濯ばさみの使い方も覚えられます。

準備する物

- 洗濯ロープ
- 洗濯物（乾いた服やタオルなど）
- 洗濯ばさみ（容器に入れておく）
- かご（チーム数分）

成功 アドバイス

★事前に遊びの中で洗濯物干しごっこをして練習しておきましょう。

★洗濯物のなかに、人形や帽子などはさみにくい物を入れておくと、難度が高くなって楽しめます。

進め方

①洗濯セットをセッティング

1チーム4〜5名くらいで、子どもの人数に合わせて2〜3チームで行います。折り返し地点で、洗濯ロープの両端を保育者が持ち、洗濯ばさみを下に置きます。コースの中間地点に図のように、かごに入れた洗濯物をセッティングします。

②洗濯物を取って走る

スタートの合図でかごまで走り、かごから好きな洗濯物をひとつ取って、洗濯ロープまで進みます。

③洗濯物を干す

洗濯ロープに洗濯ばさみを2個以上使って洗濯物を留めます。走ってスタート地点に戻り、次の子どもにタッチして交代します。先に全員がゴールしたチームの勝ちです。

15m

スタート

ゴール

かごに子ども用のTシャツ、ズボン、タオル、ハンカチなどを入れておく

④ ボールの木競争

流れと ねらい ふたりがペアになり、手をつないで走って、協力して木の実を取って持ち帰ります。協力の大切さがわかります。

🍀 準備する物

- ●**ボールの木**
- ●**ボールの木の実**
（ペア数分）
- ●**持ち手のついたかご**
（2個）

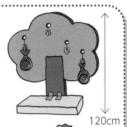

〈ボールの木〉
板段ボールに穴を開けて洗濯ばさみをつけたひもを通し、表側に出して留める。根元はガムテープで踏み台にしっかりと固定する。

120cm

〈ボールの木の実〉
網袋にカラーボールを入れ、口をゴムで留める。

成功 アドバイス

★ボールの木の実は赤や黄色の網袋を使い、りんごやみかんにしても。子どもたちが手作りすると、競技への期待がより高まります。
★後の方の走者は、かごの木の実が多くなるので、落とさないよう、ペアで協力するように伝えます。

進め方

❶ふたり1組で ボールの木へ

1チーム5組10人くらいで、2チームに分かれます。コース上にボールの木の実を取りつけたボールの木を置きます。ふたり1組のペアになり、ひとりがかごを持って手をつなぎます。

❷ボールの木の実を取る

スタートの合図でボールの木まで走ります。着いたら、かごを持っていない子どもが、踏み台に乗ってボールの木の実をひとつ取り、かごを持っている子は受け取ってかごに入れます。

❸手をつないで戻る

また手をつないで、スタート地点まで走って戻り、次以降のペアにかごを渡して交代します。かごには最後は5個くらいのボールの木の実が入ります。早く全員が取り終わったチームの勝ちです。

スタート　がんばれー　ゴール　15m

5 おでんで でん

流れと ねらい 5人くらいを1組としたチームで、みんなで力を合わせておでん鍋を完成させます。協調性を養います。

準備する物

●チームカラーの色画用紙を巻いた大鍋
●おでんダネ（3種・人数分）

〈1チームにつき〉
●エプロン
●机

〈はんぺん〉
白いウレタンを正方形に切る。
15cm

〈ちくわ〉
ラップの芯にしわをつけたクラフト紙を巻きつけて貼る。
15cm

〈がんもどき〉
新聞紙を丸め、よく揉んで柔らかくした茶色の色画用紙でくるんでテープで留める。
15cm

成功アドバイス

★おでんダネは、周囲にもよく見えるように大きく作りましょう。

アレンジ 材料を変えて、カレーライスや野菜スープをテーマにしても楽しいでしょう。

進め方

❶鍋やおでんダネを持ちスタート地点に並ぶ

コース上に図のように机を置きます。5人くらいのチームをふたつ作ります。各チームの先頭は鍋を持ち、うしろの2〜4人は、それぞれおでんダネを持ちます。アンカーはエプロンをし、スタートに並びます。

❷先頭が鍋を持っていく

スタートの合図で、先頭が鍋を持って走り、机に置いて、スタート地点に戻ります。次の走者に「でん！」と言いながらタッチして交代し、列の最後尾につきます。

❸次からはおでんダネを入れに行く

次の走者からは、鍋まで走り、ふたを開けて、持っているおでんダネを入れ、ふたを閉めて戻ります。❷と同様に交代します。アンカーは鍋を持って戻ってきます。先にアンカーが戻ったチームの勝ち。

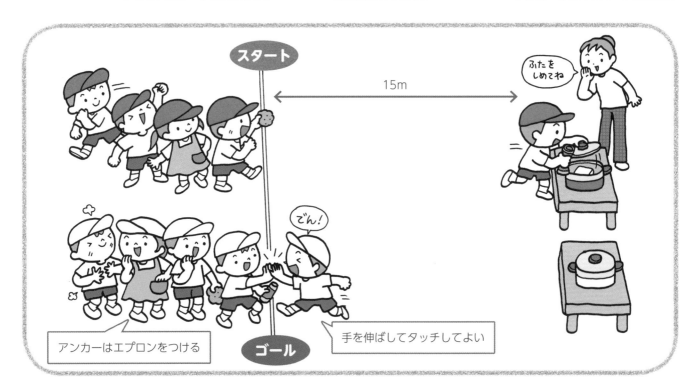

スタート

15m

ふたをしめてね

でん！

アンカーはエプロンをつける

ゴール

手を伸ばしてタッチしてよい

6

オニのパンツはいいパンツ

**流れと
ねらい** ふたり1組で大きなパンツに入って二人三脚。ふたりで気持ちを合わせて、仲よくタイミングよく協力して動くことを、楽しみながら学びます。

🍀 準備する物

- **オニのパンツ（ペア数分）**
- **大きなオニ（チーム数分）**

〈オニのパンツ〉
黄色のカラーポリ袋に、黒いビニールテープを貼って模様にする。ふたりが入れるような大きさの輪にして、クリアテープで留める。はき口は、二つ折りにしてクリアテープで留め、中にゴムを通す。

〈オニ〉
段ボール箱を重ねてガムテープでしっかり留める。顔を描き、手や角を段ボールで作って貼る。丈夫に作り、取れないようにしっかり貼る。

成功アドバイス

★パンツは、全員がはいた状態で始めるとよいでしょう。

★5歳児は、図のような腹巻型ではなく、パンツ型にしてふたつの穴から足を出す形でレベルアップしても◎。

進め方

❶オニのパンツをはく

コース上に図のように大きなオニを置いて、保育者がうしろから支えます。

2チームに分かれ、ふたり1組のペアになり、一緒にオニのパンツをはいておきます。

❷オニの手にタッチ

スタートの合図で走り出し、オニのところに着いたら、ふたりでそれぞれオニの手にタッチして折り返します。ふたりでスタート地点に戻り、次のペアに交代します。

スタート

タッチ！

ゴール

15m

4〜5歳児

7 王様運び

**流れと
ねらい** 　4人組で台に乗せた王様を運んでいく競技。4人の動きのスピードとタイミングが合わないと、スムーズに運べません。みんなで協力して動きを合わせる大切さを知ります。

準備する物

〈1チームにつき〉
- 王様
- 王様の台
- お城

〈王様〉
色画用紙で顔と王冠を作り、三角コーンにしっかり貼る。

〈王様の台〉
80cm角くらいの段ボールを、縦目と横目のものを重ねる。両面テープでしっかり貼り合わせる。

〈お城〉
段ボールにお城のイラストを描き、ポールに貼り、旗立て台に立てる。

成功アドバイス

★途中で王様を落としてしまったら、その場でもう一度、台に乗せて運びます。練習で、王様を落とさないように渡すには、どうしたらうまくいくかを子どもたちと話し合いましょう。

進め方

❶王様を台にのせて4人で持つ

コース上に図のように、お城を置きます。各チーム4人1組になり、台の上に王様を乗せ、四隅をひとりずつ持ちます。

❷お城を回って戻ってくる

スタートの合図で、各チームの先頭が台を持って走ります。お城をぐるっと回ってスタート地点に戻り、次の組に王様を乗せたまま、台ごと渡します。早く全員が運び終わったチームの勝ちです。

8 ちびっこトライアスロン

流れとねらい 波をくぐり(水泳)、三輪車に乗り(自転車)、バトンを持って走る(マラソン)トライアスロンです。いろいろな動きを楽しみ、元気にゴール！

準備する物

- **マット**
- **青い布**（150cm×100cmくらい）
- **三輪車**（1組の走者分）
- **バトン**（1組の走者分）

成功アドバイス

★1組につき3〜4人でスタートするとよいでしょう。次の組がスタートする前に、保育者が三輪車とバトンを元の位置に戻しておきます。

★事前に「トライアスロン」の競技について子どもたちと話し合っておくと、より興味を引き出せます。

進め方

❶コースを設置

コース上に図のようにマットを敷き、その上で保育者が青い布の両端を持って、波のように揺らします。5m先にラインを引き、三輪車を置きます。その7m先にラインを引き、バトンを置きます。

❷波くぐり、三輪車こぎ、ランの順で

スタートの合図で、まず波をはらばいでくぐります。次のラインまで走り、三輪車をこいで進みます。次のラインに着いたら、降りてバトンを拾い、ゴールまで走ります。早くゴールした子どもの勝ちです。

9 はさんで宅配便リレー

4〜5歳児

流れとねらい 胸と胸の間に荷物をはさんで運びます。あせらず、ふたりで息を合わせて進みましょう。ふたりの協力が大切です。

🍀 準備する物

〈1チームにつき〉
- **段ボール箱、大きなぬいぐるみ、ボールなどの荷物**（ペア数分）
- **かご**

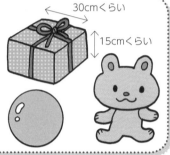

30cmくらい
15cmくらい

成功アドバイス

★勝ち負けにこだわりすぎず、「荷物を胸で運ぶのがおもしろいよね」などと話し、競技をいろいろな形で楽しめる雰囲気づくりを心がけましょう。
★2組目からのペアは、荷物をあらかじめ胸にはさんで準備しておきます。各ペアが違う荷物になるよう、種類を工夫しましょう。

進め方

❶ペアで荷物を運ぶ

2チームに分かれ、チームごとにふたり1組のペアを作り、ペアごとに違う荷物を渡し、ふたりで荷物をはさんでスタンバイします。

❷荷物を胸ではさんでスタート

スタートの合図で、荷物を胸にはさんだまま両手を左右に広げ、かごに向かって横歩きで進みます。

❸落とさずに運ぶ

かごのところまで落とさずに運べたら、ふたりで荷物をかごに入れます。途中で荷物を落としたら、スタートラインから再スタート。

❹手をつないで戻る

荷物をかごに入れたら、ふたりで手をつないで走って戻り、次のペアにタッチして交代します。早く全員が運び終えたチームの勝ちです。

スタート

ゴール

8m

10 ガリバーのマット

流れと ねらい 4人1組で力を合わせ、大きなガリバーを引っ張って運びます。
みんなで協力して、目的を達成しましょう。

❀ 準備する物

〈1チームにつき〉
- ●ガリバーのマット
- ●アンカーのたすき

〈ガリバーのマット〉
子どもたちが描いたガリバーの絵を、板段ボールに貼り、四隅に穴を開けてひもを通す。ひもをマットに縫い留める。マットの持ち手4カ所に丈夫なロープを結ぶ。

成功 アドバイス

★4人のチームは、体の大きい子・小さい子の混合チームにしてもよいでしょう。練習の際に「どうしたらうまく運べるかな?」と考えさせることで、チームワークを養います。

進め方

❶4人1組で 2チームに分かれる

4人1組のグループ数組を1チームとし、2チームに分かれます。チームごとにⒶとⒷに分かれて並びます。アンカーのグループはたすきをします。

❷4人でガリバーの マットを運ぶ

スタートの合図で、Ⓐの先頭グループがⒷまでガリバーのマットを運びます。Ⓑに着いたらタッチして次のグループに交代します。

❸先に運び終わった 方が勝ち

今度はⒷのグループがⒶまで運びます。これらをくり返し、アンカーのグループが先に運び終わったチームが勝ちです。

いけー
がんばれー
Ⓐ　　　　　10m　　　　　Ⓑ

11 綱引き金太郎

流れと ねらい　4～5歳児全員が「金太郎」と「くま」に分かれ、綱引きで勝負します。少人数から増やして、最後は全員参加にします。楽しく演技をしながら、力を発揮します。

準備する物

〈金太郎の帽子〉
丸の中に「金」と書いた紙を、両面テープで帽子に貼る。

〈くま耳の帽子〉
色画用紙でくまの耳を作り、両面テープで帽子に貼る。

- 金太郎の帽子（人数分）
- くま耳の帽子（人数分）
- 綱引きの綱

成功 アドバイス

★進行役のコールは「金太郎は"エイエイオー"、くまは胸をドンドコドン！」「勝負がつきません。また金太郎とくまを増やします」「負けたチームは"恐れ入りました"とおじぎをして退場です」などと、子どもたちのジェスチャーを入れながら盛り上げましょう。

進め方

❶2チームに分かれて4名で綱を引く

金太郎チームとくまチームに分かれ、最初は4名ずつ登場し、綱の横に立ちます。スタートの合図で、綱引きをします。進行役はアナウンスをしながら、15秒ほど引いたところでストップの合図をします。

❷人数を増やして再チャレンジ

両チームに4名ずつ人数を増やし、またスタートの合図で綱を引きます。スタートとストップをくり返し、最後にはチーム全員が加わって、勝負がつくまで綱引きをします。

12 進め！段ボールキャタピラー

流れと ねらい 段ボールのキャタピラーの中でよつばいをしながら、手足をバランスよく動かして進みます。

❀ 準備する物

〈1チームにつき〉
● **キャタピラー**
● **アンカーのたすき**

〈キャタピラー〉
段ボールを、子どもが中でよつばいできる大きさの輪にする。つなぎ目は布のガムテープを内側と外側から貼り合わせる。

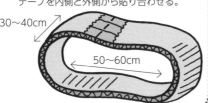

30〜40cm
50〜60cm

成功 アドバイス

★キャタピラーでコースを見失わないよう、コースラインを目立つように描いておきます。
★練習の際、慣れるまではスタートラインと折り返しラインの間は5mくらいに。
★2チームくらいで行うとお互いぶつからず安全です。

進め方

❶ⒶとⒷラインに分かれる

2チームに分かれます。各チーム、スタートのⒶラインとⒷラインに分かれて並びます。Ⓐラインの先頭走者はキャタピラーによつばいの姿勢で入り、アンカーはたすきをします。

❷キャタピラーで前進！

スタートの合図で、先頭はキャタピラーを動かして、Ⓑラインまで前進します。着いたらキャタピラーから出て、Ⓑラインにいる走者にタッチして交代します。これをくり返してアンカーまでリレーします。先にゴールしたチームの勝ちです。

4〜5歳児

玉投げドラゴン

流れとねらい チームみんなで力を合わせて玉を投げ、ドラゴンをくずします。的をめがけて投げる、調整力を養うことができます。

準備する物

〈1チームにつき〉
- ●ドラゴン
- ●玉入れ用の玉
- ●かご

〈ドラゴン〉
子どもたちがドラゴンの顔や体の飾りを紅白などの色画用紙で作り、段ボール箱に貼る。1体につき4箱を積み重ねてドラゴンにする。

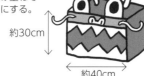

約30cm
約40cm

成功アドバイス

★「ドラゴンの頭がくずれたら勝ち」「2段くずしたら勝ち」など、あらかじめ子どもたちと話し合ってルールを決めるとうまくいきます。

アレンジ ここでは、段ボール箱4箱で1体ですが、何箱も積み上げて、親子競技にしても◎。

 進め方

❶紅白に分かれ、玉とドラゴンを用意

紅白などの2チームに分かれ、それぞれスタートラインに並びます。コース上のセンターにラインを引き、かごに入った玉を置きます。その先に、白組の前には紅組のドラゴン、紅組の前には白組のドラゴンを置きます。

❷ドラゴンに玉を投げ、くずしたら勝ち

スタートの合図でセンターラインまで走り、かごの中から玉をひとつ取って、ドラゴンに向かって投げます。投げたらスタートラインに戻り、次の子どもにタッチして交代します。これをくり返し、先にドラゴンをくずしたチームの勝ちです。

74

14 宝箱とはかり

流れと ねらい いろいろな重さの「宝箱」を拾い、はかりに入れて戻るリレー勝負と、宝箱の重さ勝負、2回の勝ち負けを楽しみます。

準備する物

● **宝箱**（人数分）

● **天秤ばかり**

〈天秤ばかり〉
棒の両端に、同じ大きさのかごを綿ロープで結び留める。それぞれ紅白の色のペーパーフラワーなどをつけておく。棒の中心に持ち手を綿ロープでつける。

〈宝箱〉
ボックスティッシュの空き箱を子どもの人数分用意する。中に油粘土を入れて少し重くしたものをいくつか作る。すべての箱を金紙や銀紙で包む。

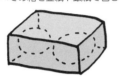

成功アドバイス

★リレーで勝っても、重さで負けてしまうこともあります。子どもにルールを説明し、「重い方が勝ちだよ。重い宝箱を取ってね」と理解させておきます。

★進行役は「リレーは紅組の勝ちですが、宝箱が重かったのは？」などと盛り上げましょう。

進め方

❶宝箱をランダムに置いておく

紅白などの2チームに分かれ、それぞれスタートラインに並びます。コース上に図のように宝箱を置き、その先で天秤ばかりを保育者が持ちます。

❷宝箱をかごに入れる

スタートの合図で先頭がスタートし、宝箱を拾ってはかりまで走り、自分のチームのかごに入れ、スタートラインに戻って、次の走者に交代します。先に、全員が宝箱を入れ終えたチームがリレーの勝ちです。

❸重さをはかる

両チームが宝箱を入れ終わったら、保育者が天秤ばかりを持ち上げ、重さを比べます。重さの勝負は、かごが重かったチームの勝ちです。

❶❷

これおもいぞ

8m

スタート

❸

あかのかちー

わーやったー

えーっ

75

4〜5歳児

がんばれピョンピョン！

流れと ねらい うさぎになりきって、ボールを落とさないように、両足跳びで進みます。
2〜3チーム対抗で楽しみます。

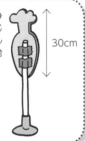

準備する物

〈1チームにつき〉
- ●**ボール**
- ●**にんじんポール**

〈にんじんポール〉
段ボールににんじんを描き、ポールに貼り、旗立て台に立てる。

30cm

成功アドバイス

★初めは、コースを直線にし、短い距離で練習します。慣れてきた運動会本番では、曲がりくねったコースにするとおもしろいでしょう。

 進め方

❶ボールを足の間にはさむ

コース上に図のようににんじんポールを置きます。2〜3チームに分かれ、それぞれスタートラインに並びます。先頭は、ボールを足の間にはさみます。

❷両足跳びでピョンピョン

スタートの合図で、先頭はボールをはさんだまま、うさぎ跳びのように両足で進み、にんじんポールを回ってスタートラインに戻ります。ボールを落としてしまったら、拾ってまたはさんで進みます。

❸先に走り終わった方が勝ち

次の走者にタッチしてボールを渡し、交代します。先に全員が走り終わったチームの勝ちです。

5m

16 メディシンボール

4〜5歳児

流れとねらい 運動会定番のボールリレー。頭上からと足の間をくぐらせる、ふたつのボールの渡し方に、すばやく対応します。

❀ 準備する物

〈1チームにつき〉
● ボール　● たすき
● 旗、旗立て台

成功アドバイス

★先頭の子以外は「最後尾でボールを受け取ったら走り、先頭に着く」というルールを事前に教え、5人のチームワークを考えさせておきましょう。

アレンジ わざと、とても大きなボールや小さなボールを使っても楽しいでしょう。保護者競技にするときは10〜15人1組にします。

 進め方

❶ 2チームに分かれてスタンバイ

紅白などの2チームに分かれ、それぞれスタートラインに並びます。5人1組くらいがよいでしょう。先頭がボールを持ち、前から2番目がアンカーのたすきをします。旗は先に置きます。

❷ ボールを持って走って戻り、頭上から次へ送る

スタートの合図で、先頭の子はボールを持ったまま走り、旗を回って戻ります。また列の先頭に立ち、ボールを頭上から次の人に渡して、列の最後尾の子どもまで送ります。

❸ 今度は足をくぐらせて送る

最後尾の子どもは、ボールを受け取ったら、ボールを持って走り、旗を回って戻ります。戻ったら列の先頭に立ち、今度は足の間をくぐらせて最後尾までボールを送ります。

❹ 上から下から交互に送る

次に、列の最後尾の子どもが旗を回って戻り、先頭に立って頭上からボールを送ります。上と下から交互にボール送りをくり返し、先にアンカーが走り終わったチームが勝ちです。

❶❷　スタート

8m

❸

最後尾でボールを受け取ったら、旗を回って先頭につき、ボールを後ろに送る。

4～5歳児

ハワイアンリレー

流れと
ねらい
フープの腰みのをつけ、波を跳び越える障害物リレーです。
うまくバランスをとって障害物を跳び越えましょう。

準備する物

〈1チームにつき〉
● **フープの腰みの**
● **ヤシの木**

〈全体で〉
● **波（2～3個）**

〈腰みの〉
20cmくらいに切ったたくさんのビニールひもを、カラーフープの円周にぐるりと貼りつけ、たらす。
〈波〉
板段ボールを高さ40cmほどの波形に切り、支えをつけて立たせる。
〈ヤシの木〉
旗立て台に段ボールで作ったヤシの葉・ヤシの実をつけた棒を立てる。

成功アドバイス

★子どもたちの体力に合わせて、波を高くしたり、数を増やしたりと調節しましょう。
★紅白のレイをかけるなど、ハワイらしさを演出すると楽しいでしょう。

進め方

❶フープの中に入って両手で持つ

紅白などの2チームに分かれ、それぞれスタートラインに並びます。先頭走者は腰みののフープの中に入り、両手で持ちます。コース上に波とヤシの木を設置します。

❷フープを持ったまま跳び越える

スタートの合図で、先頭走者はフープを持ったまま走り、波を跳び越え、ヤシの木を回り、また波を跳び越えて、スタートラインへ戻ります。

❸フープを次の走者に渡す

フープから出て、次の走者に渡します。次の走者はフープの中に入り、同じように両手で持って走ります。先に全員が走り終えたチームの勝ちです。

スタート
ゴール
40cm
10m

18 できたゾウ

**流れと
ねらい** 絵カードをどこに貼ったらよいかを考えながら、みんなで大きな絵を
完成させる喜びを味わう、ゲーム性のある種目です。

準備する物

〈1チームにつき〉
- **ゾウの台紙**
- **絵カード**
  （8枚など）
- **ガムテープ**
- **シート**

〈ゾウの台紙〉
厚手の段ボールにゾウの絵を点線で描き、全体を8分割する線も描いておく。絵が立つように、後ろは三角の段ボールなどで補強する。

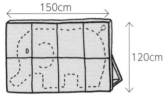

150cm

120cm

〈絵カード〉
工作用紙に、台紙のゾウの絵の一部分になるよう、色画用紙を貼る。

〈ガムテープの輪〉
接着面を外側にして輪にする。

成功アドバイス

★ガムテープを渡すとき、保育者は子どもに「どこに貼るの？」と問いかけ、間違っていたら「そこじゃないかも…。よく見てね」と正しい場所に貼れるよう、言葉かけをしましょう。勝ち負けを競うより、チームで絵を完成させる過程を楽しみましょう。

進め方

❶絵カードと台紙を準備する

紅白などの2チームに分かれ、それぞれスタートラインに並びます。チームの人数は絵カードの数と同数にします。コースの途中に図のようにシートを敷き、絵カードをランダムに置き、その先に台紙を立てます。その横にガムテープを持った保育者が立ちます。

❷絵カードを台紙に貼ってゾウを完成させる

スタートの合図で、絵カードを拾って台紙まで走ります。保育者からガムテープの輪をもらい、絵カードを台紙に貼って戻ります。戻ったら、次の走者に交代します。先にゾウの絵を完成させたチームの勝ちです。

79

19 レッドウルフとホワイトウルフ

流れと ねらい 保育者が背負って動き回るかごに、正確に玉を投げ入れます。投げる力だけでなく、調整力も養います。

♣ 準備する物

- **かご**（2個）
- **紅白の玉入れの玉**（人数分以上）
- **ウルフの耳としっぽ**（2セット）
  はちまきに画用紙の耳をテープではる。しっぽはカラーポリ袋に新聞紙などを詰めて、口を閉じてゴムにつける。ゴムを腰に巻く。

成功 アドバイス

★競技に夢中になると、かごではなくウルフの顔や頭に向かって玉を投げる子どもが出てくることがあります。事前に注意しておきましょう。

★競技を始める前に「力持ちのレッドウルフだ、ガオー」など、進行役がウルフを紹介するコールを入れ、盛り上げましょう。

進め方

❶ ウルフたちが中央に立ってスタンバイ

図のように両端にラインを引き、間のスペース全体に、紅白の玉をランダムに置いておきます。紅白2チームに分かれ、それぞれのラインに並びます。かごを背負ったふたりの保育者が、紅の「レッドウルフ」と白の「ホワイトウルフ」になり、中央に立ちます。

❷ ウルフのかごに玉を投げ入れる

スタートの合図で飛び出し、自分のチームの色の玉を拾って、自分の色のウルフのかごに投げ入れます。ウルフは、できるだけ玉を入れさせないように、競技スペースを走り回って逃げます。

❸ 紅白の玉、どちらが多いか数える

終了の合図で全員ストップし、紅白のかごの玉を数えます。玉の数が多いチームが勝ちです。

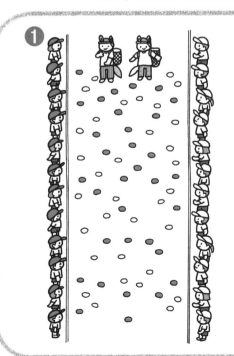

20 マット選手権

流れとねらい ふだんの保育でのマット運動の成果を、運動会の参加者に見てもらいます。筋力、柔軟性、バランスを養います。

♣ 準備する物

● **マット**(6〜7枚)

成功アドバイス

★勝負を競うのではなく、子どもの今の状態やできることを見てもらいます。ひとりずつ披露する形がよいでしょう。

★子どもの状態に合わせて、跳び箱や平均台を組み合わせてもよいでしょう。

進め方

❶ 3種類のマットを準備する

コースに Ⓐ・Ⓑ・Ⓒ のマットを並べます。それぞれ補助の保育者がつきます。子どもたちはスタートラインに並びます。

❷ 3種類のマット運動に挑戦

進行役が「○組の△△ちゃん」と子どもを紹介するアナウンスをし、スタートします。ⒶⒷⒸそれぞれでマット運動し、ゴールに向かいます。

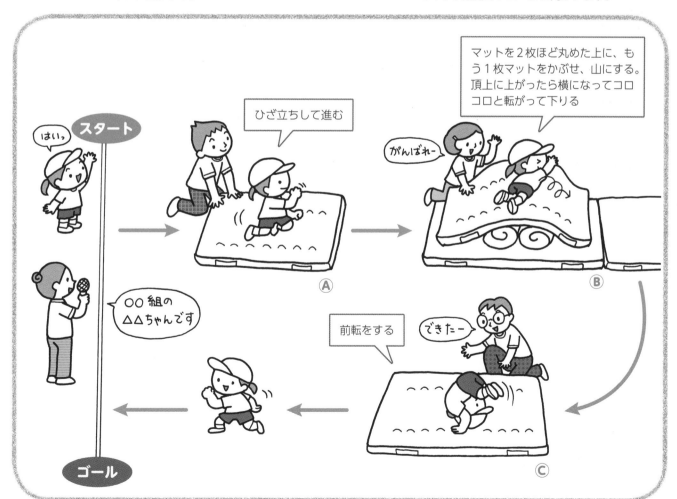

はいっ
スタート

ひざ立ちして進む

Ⓐ

マットを2枚ほど丸めた上に、もう1枚マットをかぶせ、山にする。頂上に上がったら横になってコロコロと転がって下りる

がんばれー

Ⓑ

○○組の△△ちゃんです

前転をする

できたー

Ⓒ

ゴール

馬跳びマン参上

流れと
ねらい　跳び箱を中心とした跳躍力を、運動会で披露します。

準備する物

- マット（5枚）
- 跳び箱（3セット）
- 保育者が作る馬（2人）

成功アドバイス

★勝負を競うのではなく、ひとりひとり、今ここまでできるようになった成果を見てもらいます。事前に練習を重ねておきましょう。
★跳び箱の段数や馬の高さは、子ども全員が跳べる高さに合わせて決めましょう。跳べるようなら横にしている跳び箱を縦にしてもよいでしょう。
★それぞれの跳び箱には保育者が補助につきます。

進め方

❶コースに5種類の馬跳びや跳び箱を用意する

コースにマットを5枚敷き、次の物を用意します。
Ⓐ…保育者が座って丸くなった小さな馬　Ⓑ…横にした跳び箱1段
Ⓒ…縦にした跳び箱2段　Ⓓ…保育者がひざを折って前屈した大きな馬　Ⓔ…横にした跳び箱3段
子どもたちはスタートラインに並びます。

❷全部を跳び越える

進行役が子どもの名前をアナウンスし、スタートします。Ⓐ〜Ⓔを順に跳んでゴールに向かいます。

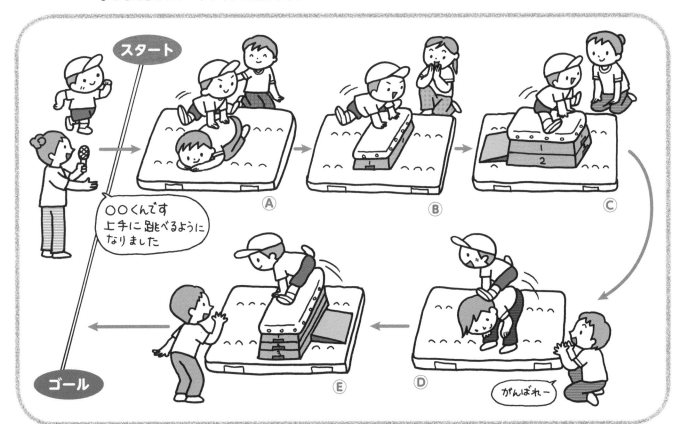

22 ケンパーダッシュ

流れとねらい 日頃の保育で親しんでいる「ケンケンパー」での遊びを競争にして楽しみます。片足跳びのバランス力を養います。

準備する物

● フープまたは輪にしたビニールホース（18個くらい）

成功アドバイス

★片足跳びは、左右の足を途中で替えてもよいというルールにします。
★「ケン」「パー」で跳ぶところは、ダッシュのようにスピードを出すことはできませんが、そのもどかしさも楽しみましょう。

進め方

❶ コースに「ケン」「パー」フープを配置する

コース上にフープをバランスよく配置します。紅白などの2チームに分かれ、子どもたちはスタートラインに並びます。

❷ ケンケンパーで跳んでいく

スタートの合図でフープまで走り、フープがひとつのところは「ケン」で片足跳び、ふたつ並べたところは「パー」で両足跳びとして、進みます。フープが終わったら、ゴールまで走ります。早く全員が終わったチームの勝ちです。

太い針金をU字形にして地面にさしてフープを留める

ケン！　ダッシュ　パー　ケン

スタート　ゴール

23 にがお絵スタンプラリー

流れとねらい カードのにがお絵を見て、メガネや髪型などの特徴をつかみ、どの保育者なのかを判別します。すばやい判断力を養います。

準備する物

- 保育者のにがお絵を描いたカード（人数分以上）
- ラリー帳（チーム分・チーム人数分のスタンプ欄を作る）
- 芋版などのスタンプと朱肉

成功アドバイス

★にがお絵カードは、子どもの人数より多めに置いておきます。ひとりの保育者にふたり以上の子どもが集中し、時間がかかってしまうことなどもあり、スリルのあるゲームです。

★始める前に、進行役がにがお絵カードを子どもたちに見せ「これはどの先生？」など紹介しておくと、スムーズに競技に入れます。

進め方

❶にがお絵カードと保育者の準備

コースの中央ににがお絵カードをランダムに置きます。その先には、テーブルとスタンプ、朱肉を置き、にがお絵に描かれた保育者が待機します。2チームに分かれ、スタートラインに並びます。先頭の子どもはラリー帳を持ちます。

❷スタンプを押してもらって交代

スタートの合図で、にがお絵カードまで走り、1枚拾って、その絵の保育者のところに走って、カードを渡します。保育者から、ラリー帳にスタンプを押してもらいます。スタートラインに戻り、次の走者にラリー帳を渡して交代します。先にチーム全員分のスタンプを集めたチームの勝ちです。

24 バドミントン玉入れ

流れと ねらい 保育者にラケットで玉を跳ね返されないように、工夫して玉をかごに投げ入れます。

🍀 準備する物

- 紅白のリボンをつけた玉入れ台（2個）
- 紅白の玉入れの玉（人数分以上）
- バドミントンのラケット（2個）

成功 アドバイス

★子どもたちは手を伸ばして円の中の玉を取ることはできますが、足は円の中に入ってはいけないというルールにします。

★各チームに補助の保育者がつき、円の中に入った玉を外に出します。

進め方

❶保育者はラケットを持って円内に

紅白2チームに分かれます。円の中央にそれぞれ紅白のリボンをつけた玉入れ台を置きます。円の外には紅白の玉をランダムに置きます。子どもたちは円の外側に並び、バドミントンラケットを持った保育者がそれぞれ円の中に入ります。

❷打ち返されても玉を入れる

開始の合図で、子どもたちは玉を拾い、かごに向かって投げ入れます。保育者はその玉をラケットで打ち返します。

終了の合図でストップし、かごに入った玉の数を数えます。玉の数が多いチームが勝ちです。

直径3m

※ラケットが子どもに当たらないように注意します。

5歳児

25 クラス対抗リレー

流れと ねらい 力いっぱい元気に走り、バトンを上手に渡して、走力を競います。

準備する物

● バトン（チーム数分）

成功アドバイス

★最初はクラスの中で2チームに分かれて練習します。全員がバトンの受け渡しができるようになったら、他のクラスに試合を申し込んだりして、4チームくらいで競争してみましょう。

★チームの団結が強まり、年長児にふさわしい競技ですが、あまり勝敗にはこだわらず、みんなで協力して走ることを楽しみましょう。

進め方

❶先頭・第2〜4走者がスタンバイ

3〜4チームに分かれ、それぞれコースを4分割したスタートライン横に並びます。チームの先頭走者がバトンを持ってスタートラインにつき、第2〜4走者も次の第2〜4ラインでスタンバイします。

❷バトンタッチでアンカーにつなぐ

スタートの合図で先頭走者が走り、第2走者にバトンを渡します。同様に次々とバトンを渡し、アンカーが最初にゴールしたチームの勝ちです。

このリレーのルール例

・楕円形のコースを描き、全体を4分割してそれぞれのスタートラインを描く。最初のスタートラインは斜めに描く。

・おのおののコースラインは引かず、スタートしたらどこを走ってもよいが、追い抜くときは外側から抜く。

・バトンを落としたら拾い、必ずバトンを持って走る。

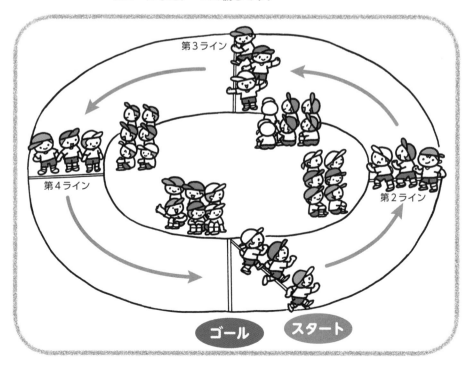

〈上手なバトンタッチのコツ〉

相手の手の中にバトンを入れる

利き手を後方に伸ばす

足は進行方向に向いている

26 チーム対抗障害物リレー

流れとねらい 障害物を乗り越えて、たすきをつなぎ、みんなで団結してゴールをめざします。

準備する物

- 平均台（2〜3個）
- マット（1〜2枚）
- はしご、段ボールで作った岩
- 網
- たすき

成功アドバイス

★各チームの走力に差がありすぎる場合は、クラス対抗リレーより、偶然が勝負に影響する、こちらの障害物リレーのような競技を選ぶとよいでしょう。

進め方

❶障害物とスタートラインを設置

2〜3チームに分かれて行います。図のように障害物を設置します。先頭走者がたすきをかけてスタートラインに並び、第2・第3走者も第2・第3ラインでスタンバイします。

その後の走者はスタートライン、第2ライン、第3ラインの3カ所に分かれ、コースの内側に並びます。

❷障害物を乗り越えて走る

スタートの合図で先頭走者が走り、平均台を渡って、第2走者にたすきを渡します。

第2走者は、保育者が揺らす網の下をくぐって、第3走者にたすきを渡します。

第3走者は、岩に見立てたはしごの穴をくぐり抜け、スタートラインの次の走者にたすきを渡します。

同様にたすきをつなぎ、先に全員が走り終わったチームの勝ちです。

平均台の下にマットを敷く

スタート

はしごの穴に合わせて段ボールで岩を作る

第2ライン

第3ライン

網にカラーポリの葉をつける

組み体操

練習の
進め方

組み体操で大切なことは、子どもに無理をさせないことです。
まず安全を第一に考え、みんなで楽しく行いましょう。

日頃から少しずつ練習を

組み体操をするときには、どんなポーズでも複数の保育者がそばにいて、サポートをしましょう。また、運動会のために、日頃から少しずつ遊びの中に動きを取り入れるなど、本番まで十分に練習しておくことが大切です。

苦手だという子どもには無理をさせないようにします。簡単でやりやすいポーズにするなど、配慮しましょう。

みんなが参加できるように

最初は、片足バランスのようにひとりでできるポーズ、次に2人組のポーズ、としだいに人数を増やしていきます。難しいポーズをすることがよいのではなく、全員でタイミングを合わせることがなにより大事です。

また、ポーズを解く時まで、ひとつひとつの動作を笛の合図で区切って行います。保育者の合図で、ひとつひとつのポーズを正しくとれるようにすることが安全へとつながります。

指導のコツ

〈手押し車〉

ひとつひとつの動作を笛の合図ですばやく行い、笛の区切りでピタッと止まって見せることがポイントです。

❶ A・B起立。

❷ AはBの前に座る。

❸ Aは手を地面につく。

❹ BはAの足を持ち上げる。

ひとりで

片足を上げ、手で支えて5秒キープする。

ふたりで

背中合わせになり、交互に相手を持ち上げる。4回ずつ行う。

3人以上

3人で手をつなぎ、笛の合図で両側の子は片手を地面につき、足を伸ばす。両側の子の足は中央の子の足につける。

保護者・親子 など 向け種目

保護者・親子 など向け種目の考え方

準備運動を忘れずに

　運動不足の日常を忘れて、つい張りきってしまう保護者が目立ちます。子どもだけではなく、大人も一緒に準備体操をしましょう。子どもが毎日やっている体操曲の次は、ラジオ体操、さらに「まったり準備運動」(P.90)と、しっかり体を動かすよう誘導し、子どもも大人もケガのない楽しい運動会をめざしましょう。

家族関係に配慮して

　親子で一緒に踊ったり競技をしたりする楽しさを、子どもたちに味わわせることは大切です。けれど、子どもをとりまく家族関係は、それぞれの家庭で異なっています。兄姉が卒園児として参加する家庭もあれば、父母が運動会に参加できない家庭もあります。大人と子どもがペアを組む種目は、自分の子だけではなく、ほかの子どもとも組ませるようにする、祖父母や親せきも参加できる種目を入れるなどの配慮をしましょう。

1 まったり準備運動

流れと ねらい 運動する前に、十分体をほぐし、柔軟性や平衡感覚を鍛えます。

準備する物

● BGMの曲
（『オリーブの首飾り』
などゆったりした曲）

成功 アドバイス

★大人は、ふだん体を動かしていない人が多く、急な運動でけがをしやすいものです。特に運動会では、アキレス腱を切るなどのけがにつながることもあります。保護者競技の前には必ず準備運動をしましょう。

★「ラジオ体操」を行う場合も、その前後にこの準備運動をプラスすると効果的です。

★子どもと一緒に体操しても楽しいでしょう。

進め方
台の上に保育者が立ち、コールをしながら、参加する保護者と一緒に体操をします。
BGMの曲を流しながら、体をゆっくり伸ばすように行います。

❶ 右手を左方向に伸ばします。左腕のひじを曲げて、右腕をはさみ、20秒間ゆっくり伸ばします。次に反対側も行います。

❷ 片足を上げ、足首を持ちます。時間をかけてゆっくりと、足首を回します。反対側も同様に。

❸ 前後に足を開き、かかとをしっかり地面につけて、後方の足のひざ裏から足首を、20秒間伸ばします。足を入れ替えて同様に行います。

❹ 右足で片足立ちし、左手で左足首を持ちます。持った左かかとをおしりにつけるようにして、10秒間保ちます。反対側も同様に行います。急に行うと足がつることがあるので、無理をしない範囲で行います。

だるまさんが
ころんだ

❺ 両足をそろえ、ひざを曲げずにゆっくり前屈、できれば手を地面につけます。そのままの姿勢で「だるまさんがころんだ」と2回言ってみましょう。

❻ 縄跳びをするように手を回しながら、軽く小さいジャンプを5回して、1回休み。これを3回くり返します。

❼ 大きく深呼吸を3〜4回して終わります。

2 秘密指令007

保護者

流れとねらい ふたり1組になって、協力し合うことで、保護者同士の交流を深めます。

準備する物

● 指令の封筒（ペア数分）
● 跳び縄、ボール、フープなど

成功アドバイス

★指令は、ふたり一緒に協力して楽しめるテーマを選びましょう。
★進行役が「紅組の指令は2人3脚のようです。白組は、跳び縄を取りました」など、実況をするとレースが盛り上がります。

進め方　指令に従ってペアで進む

コースの途中に、7種類の指令の入った封筒を置きます。保護者を紅白などの2チームに分け、ふたり1組になってスタートします。指令の封筒を開け、その指示に従って進んでゴールします。小道具が必要な指令の場合は、道具置き場で選びます。早く全員がゴールしたチームの勝ちです。

7種類の指令の例

1 ふたりで手をつないで片足ケンケンで進む
2 ふたり交代で馬になり「馬跳び」しながら進む
3 ふたりで「2人3脚」して進む
4 ふたりでフープに入り「電車ごっこ」して進む
5 ふたりで横に並び、ボールをパスしながら進む
6 ふたり一緒に縄跳びしながら進む
7 ふたりの間にボールをはさみ、落とさないように進む

3 履き物競争

**流れと
ねらい** 同じ履き物をすばやく探す、その速さを競います。

準備する物

● げた、サンダル、ビーチサンダル、
スリッパ、ぞうり、長ぐつなど、
さまざまな履き物

成功 アドバイス

★履き物は、なるべく男女兼用で、大きめのものを用
意しましょう。ハイヒールなど、ヒールの高いものは
避けます。

★ぞうりやげたなど、子どもがあまり目にしない履き
物を加えることで、見ている子どもも楽しめます。

進め方

❶いろいろな 履き物を用意

走るコースの途中に大きな円を描き、
その中に各種の履き物をばらばらに
置いておきます。1レース5名くら
いでスタートラインに並びます。

❷左右同じ履き物を 選ぶ

スタートの合図で走り出し、円の
ところで、好きな履き物を選んで
履き替えます。ただし、左右同じ
ものを履かなくてはいけません。

❸自分の靴は 持ってゴール

履いていた自分の靴は手
に持ち、ゴールまで走り
ます。最初にゴールした
人が勝ちです。

4 こころを あわせて

**流れと
ねらい**　保護者がペアになり、大玉ころがしや縄跳びをしてみましょう。
初めての相手でも心と呼吸を合わせて仲よしになる競技です。

❀ 準備する物

〈1チームにつき〉
- ●**大玉**
- ●**フープ**（2個）
- ●**跳び縄**　●**旗立て台**

成功 アドバイス

★各チームの2人組の数をそろえてスタートしましょう。
組別対抗にしても盛り上がります。

進め方

❶ 大玉と跳び縄を
セッティング

図のように、スタートライン近く
のフープの上に大玉、コースの先
にはフープの中に跳び縄、旗立て
台を置きます。保護者はふたり1
組になり紅白に分かれて並びます。

❷ 大玉転がしと
縄跳び

スタートの合図でふたりで大玉
を転がして進み、旗立て台の前
で、ふたりで縄跳びに替え、縄
跳びでスタートまで戻り、次の
組に交代します。

❸ 次のチームは
縄跳びから

次の組は縄跳びで旗立て台ま
で進み、大玉を転がしながら
戻ります。早く全員が終えた
チームが勝ちになります。

スタート

ゴール

15〜20m

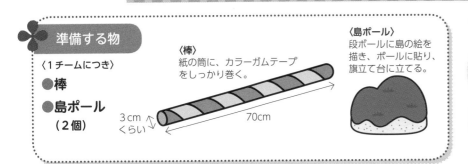

5 ミニ・タイフーン

流れと ねらい ふたりで息を合わせて、旗立て台の間をできるだけ早く回りながら走ります。

準備する物

〈1チームにつき〉
● 棒
● 島ポール（2個）

〈棒〉
紙の筒に、カラーガムテープをしっかり巻く。

3cm くらい ← → 70cm

〈島ポール〉
段ボールに島の絵を描き、ポールに貼り、旗立て台に立てる。

成功 アドバイス

★運動会の定番、長い棒を持って走る「台風の目」をアレンジした種目です。棒が短い分、回りやすいのでスピードが出ます。

★右回りと左回りの両方あるのがおもしろいところです。

進め方

❶ 島をふたつ設置

紅白などの2チームに分かれ、ふたり1組でスタートラインに並びます。先頭のペアは両手で棒を持ちます。図のように中間地点に島ポールⒶ、折り返し地点に島ポールⒷを立てます。

❷ 棒を持って島をぐるりと回る

スタートの合図で、ふたりで棒を持って走ります。最初に島ポールⒶをひと回りし、次に島ポールⒷを反対回りで回って戻ります。戻ったら、棒を次のペアに渡して交代します。先に全員が走り終わったチームの勝ちです。

スタート

ゴール

Ⓐ Ⓑ

Ⓐ Ⓑ

← 10m → ← 10m →

6 縄跳びキング

流れと ねらい 大きく縄を回し、冠を落とさないように気をつけながら、スピーディーに縄跳びをします。

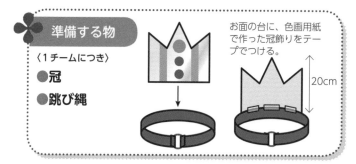

準備する物

〈1チームにつき〉
- **冠**
- **跳び縄**

お面の台に、色画用紙で作った冠飾りをテープでつける。

20cm

成功アドバイス

★縄が引っかかったり、走りにくくしたり、おもしろさを演出するために、冠は少し高めに作ります。
★卒園児の種目としても楽しめます。ただし、冠を小さめにするか、縄跳びだけの競技にしてもよいでしょう。

 進め方

①スタートラインと折り返しラインに分かれる

2チームを作り、スタートラインと折り返しラインに半数ずつ分かれて並びます。先頭は冠をかぶり、跳び縄を持ちます。

②冠を落とさないように縄跳び

スタートの合図で、先頭は、冠を落とさないように縄跳びをしながら、折り返しラインへと向かいます。冠を落としてしまったら、スタートラインまで戻ってやり直します。

③跳び縄と冠を渡して交代

折り返しラインに着いたら、次の走者にまず跳び縄を渡し、次に冠をかぶせてあげて交代します。これをくり返し、先に全員が走り終わったチームの勝ちです。

スタート

折り返し

かぶせるよ

しまった ぶつかった！

0〜1歳児

2〜3歳児

4〜5歳児

保護者・親子など

95

保護者

7 金のおの 銀のおの

流れと
ねらい カードをすばやく自分のチームの色に裏返していきます。子どもも大人も
よく知っている名作物語のモチーフを楽しみましょう。

準備する物

●おのボード
（人数分以上）

●笛

●紅白のはちまき
（人数分）

〈おのボード〉
ボードの表の面に金のおの、裏
の面に銀のおのを描く。金・銀
のテープなどを貼ってもよい。

20cm

成功アドバイス

★1回戦を40秒くらいの長さにし、
3回戦くらい行うとよいでしょう。

進め方

❶金と銀のチームに分かれる

「金のおの」チームのスタートラインと「銀のおの」チー
ムのスタートラインを引いておき、2チームに分かれます。
それぞれ紅白のはちまきをしてラインに並びます。
2本のラインの間に、おのボードをランダムにたくさん置
いておきます。

❷ボードを自分の
チームの色にする

スタートの合図で、おのボードを自分のチー
ム色にひっくり返していきます。笛の合図が
あるまで、それぞれ何度でもひっくり返すこ
とができます。

❸金のおのと銀のおのボードの枚数を数える

終了の笛の合図で、両チームそれぞれラインに戻ります。進行役
がおのの数をかぞえ、数が多いチームの勝ちです。

金のおの
チーム

銀のおの
チーム

金のおのが○枚
銀のおのが○枚

進行役は女神のよう
な衣装をつけるとお
もしろい

10m

8 いとまき 応援団

流れと ねらい 手遊びの『いとまき』の曲に合わせて、ポンポンを振りながら保護者が元気に踊り、子どもたちを応援します。

準備する物

● **ポンポン（人数分 × 2個）**

すずらんテープを、縦長の箱などに、輪になるように何重にも巻きつける。箱からはずし、輪の中央をまとめてすずらんテープで固く結び、持ち手にする。輪を切り離し両端から結び目まで細かく裂く。

成功 アドバイス

★単純な振り付けなので、保護者はその場で参加できます。ポンポンは多めに保育者が作っておくとよいでしょう。

★事前に保護者が練習できるのであれば、運動会でよく使われる行進曲（『錨を上げて』〈ツィマーマン作曲〉など）に合わせて振り付けし、踊るのもよいでしょう。

進め方

競技の合間に、応援タイムを作り、保護者が両手にポンポンを持ち、『いとまき』の曲に合わせて踊ってみましょう。保育者が台の上に立ち、その場で動きを説明しながら、一緒に踊ります。

❶ ♪いとまきまき いとまきまき

かいぐりしながら、大きくなったり小さくなったりする。

❷ ♪ひいて ひいて

両手を交差してから横に開く。

❸ ♪トントントン

ポンポンを上で振りながら、3回ジャンプ。

❹ ♪いとまきまき～ トントントン

❶～❸をくり返す。

❺ ♪できた できた

ポンポンを高いところで振りながらひと回りする。

❻ ♪ちいさな

両手を胸前で合わせ小さくなる。

❼ ♪おくつ

パッと立ち上がり、バンザイする。

❽ 三・三・七拍子の拍手

❶～❼を2～3回行い、曲の最後に三・三・七拍子の拍手をする。（右で3回、左で3回、頭上で7回の拍手）

いとまき 作詞：不詳 作曲：デンマーク民謡

⑨ ヤーレンソーラン大漁だ

流れと ねらい 釣った魚を落とさずゴールするリレーです。走力と集中力がカギになります。

✿ 準備する物

〈1チームにつき〉
- ●魚など（人数分）
- ●釣りざお
- ●かご

〈全体で〉
- ●ブルーシート

〈釣りざお〉
新聞紙をかたく細く巻いて筒にし、テープで留める。S字フックをつけたたこ糸を筒の先に貼る。

70cm

〈魚など〉
カラーポリ袋の中に気泡緩衝材を詰め、口を輪ゴムで留める。口部分にモールを輪にして貼りつける。模様をつける。

50cm

成功 アドバイス

★釣り上げるものは、子どもたちと一緒に製作しましょう。競技の内容を伝え、魚のほか、運ぶのが大変な、特別大きなくじらなどを作ったりと準備も楽しみます。

★速さだけでなく、釣ったものの大きさを比べるなどの演出も加えて、競技を盛り上げましょう。

★卒園児の種目としても楽しめます。

 進め方

❶ブルーシートの海に魚などを設置

紅白などの2チームに分かれ、スタートラインに並びます。釣りざおを持ち、コース上に図のようにかごと海に見立てたブルーシートを敷き、その上に魚などを並べます。

❷釣りざおで釣る

スタートの合図で、先頭は釣りざおを持って海に走ります。1匹釣り上げ、そのまま落とさないように戻って、かごに入れます。途中で落としてしまったら海に戻し、また新たに釣り上げます。

❸魚などをかごに入れたら交代

魚などをかごに入れたら、釣りざおを次の人に渡して交代します。全員が先に釣り終えたチームの勝ちです。

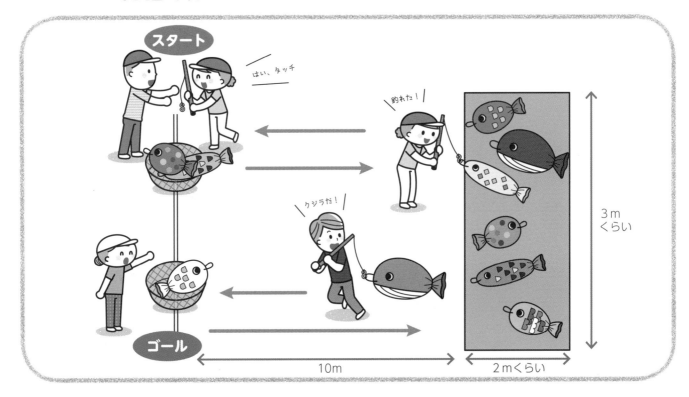

10

たけのこ抜けた

流れと ねらい 言葉のかけ合いを楽しみながら、前の人にしっかりつかまって、体力勝負に挑戦しましょう。

❀ 準備する物

● 紅白のはちまき（人数分）

成功 アドバイス

★たけのこ役は、なるべく前の人と間をあけないように、つながるよう促します。
★列が長いほど盛り上がる種目なので、親子競技として子どももたけのこに参加してもよいでしょう。

進め方

❶ チームから「抜き手」をひとり選ぶ

人数が同数になるよう紅白などの2チームに分かれ、それぞれの色のはちまきをします。各チームひとりずつ、「たけのこ」を抜く係の「抜き手」を選びます。抜き手以外は一列に並んで、チームで向かい合うようにしてしゃがみます。

❷ しっかりつかまり列になる

各チームの先頭同士は、相手の肩に手をかけ、しっかりと組み合います。列の後方の人たちは、前の人の体にしっかりつかまります。これが「たけのこ」です。抜き手はそれぞれ、相手チームの列の最後尾に立ちます。

❸ 抜き手がたけのこを抜く

たけのこは全員で「たけのこだい 強いんだい 抜けるものなら 抜いてみな！」とかけ声をかけます。抜き手は「よし抜くぞ、ソレ！」と言って、最後尾の人を引っ張って、たけのこを抜くようにします。

❹ 多くのたけのこを抜いたら勝ち

抜き手に引っ張られ、手を離した人は列からはずれ、列の横に立ち、残った人でつかまります。抜き手は、さらに❸同様に抜いていきます。終了の合図までに多くのたけのこを抜いたチームの勝ちです。

❶❷ 抜けるものなら 抜いてみな！

❸ ソレ！ ソレ！

11 タコとタラコが大変だあ

親子

流れと ねらい 言葉（コール）をよく聞き分けて、敏速に動く力や判断力を育てます。3歳以上の子どもにおすすめです。

🍀 準備する物

- ●紅白帽子（子ども人数分）
- ●紅白はちまき（保護者人数分）
- ●タコとタラコのポール（各1個）
  段ボールにタコとタラコを描き、ポールに貼り、旗立て台に立てる。

成功 アドバイス

★コールする保育者は、「タコ」「タラコ」以外に、「たんす」「たいへん」などの言葉を入れ、参加者をまごつかせるようにするとよいでしょう。競技も盛り上がり、参加者もよりコールに耳を傾けます。

進め方

❶タコとタラコチームに分かれる

タコチームとタラコチームに分かれます。図のようにセンターラインを引き、それぞれチーム全員が入れる大きさの円を描きます。円の中央にタコとタラコのポールを置き、円の中を各チームの安全地帯とします。タコチームの子どもは白の帽子、大人は白のはちまき、タラコチームの子どもは紅の帽子、大人は紅のはちまきをして、センターラインに向かい合って並びます。

❷コールされたら安全地帯に！

進行役の保育者が「た…た…タコ！」や「タラコ」などとコールしたら、コールされたチームは急いで自分のチームの安全地帯に逃げ、反対のチームは追いかけます。安全地帯に入る前にタッチされた人は、相手チームの安全地帯に連れて行かれ、ゲーム終了まで出ることができません。コールを何度かくり返し、最後に、相手を多くつかまえていたチームの勝ちです。

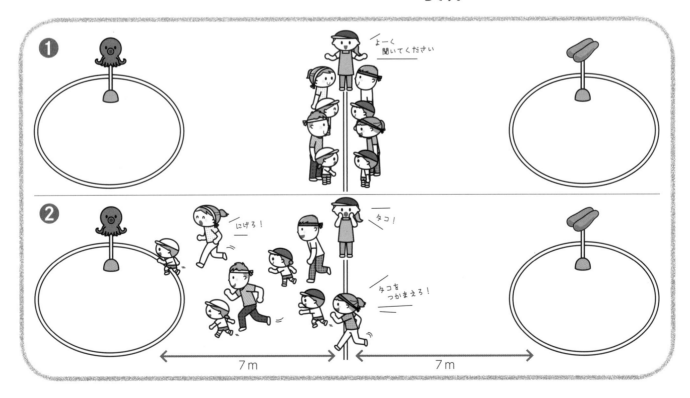

12 親子

走れ！ 親子どんぶり

流れと
ねらい　親子で力を合わせて、ボールを運びます。玉を入れる時のタイミングを合わせます。3歳以上の子どもにおすすめです。

❀ 準備する物

- おたま（保護者人数分）
- 卵（ビニールボール・4個〜）
- スチロール製のどんぶり（子ども人数分）

成功アドバイス

★親子一緒に走る距離を長めにとります。
★卵をピンポン玉などにすると、よりやりにくくなり、競技が盛り上がります。

進め方

❶卵をおたまにのせてスタンバイ

図のように各ラインを引きます。紅白などの2チームに分かれ、保護者は卵に見立てたボールをおたまにのせ、スタートラインに並びます。子どもは中間ラインにどんぶりを持って立ちます。

❷卵を落とさずに走る

スタートの合図で、保護者は卵を落とさないようにしながら、子どものところまで走り、手を使わずにボールをどんぶりに入れます。

❸親子でゴールをめざす

子どもは片手でどんぶりを持ち、もう片方の手を保護者とつないで、卵を落とさないように気をつけながら、一緒にゴールをめざします。

スタート　　中間ライン　　ゴール

早く〜

しまった！

7m　　　10m

おむかえ おおいそがし

**流れと
ねらい** 保護者が子どもをむかえに行き、手をつないで、一緒に戻ります。
親子のふれあいを深めます。3歳以上の子どもにおすすめです。

準備する物

〈1チームにつき〉
● **フープ**（5個）

成功 アドバイス

★子どもの年齢や発達に合わせて、フープの数や距離を加減しましょう。年中児なら、数と距離を半分にしてもOKです。

★子どもの年齢が高い場合（年長児）、両足跳びを「片足跳び」にするなど、難度を高くしてもよいでしょう。

進め方

❶保護者がフープをくぐり抜ける

図のように各ラインを引き、フープを並べます。2チームに分かれ、スタートラインには保護者、向かい側に子どもが並びます。スタートした保護者はフープをひとつずつ頭からくぐり抜けながら、子どものところまでおむかえに行きます。

❷帰りは親子で両足跳び

帰りは、親子で手をつないでフープをひとつずつ両足跳びで越えながら戻ります。早く全員が戻ったチームが勝ちになります。

14 みんなで走ればこわくない？

流れとねらい 親子でスリルを楽しみます。子どもの走力、敏捷性、判断力を育てます。3歳以上の子どもにおすすめです。

 準備する物

● **ハンカチ** (子ども人数分)

● **オニの角** (保護者人数分)

はちまきに角をテープで貼る。

成功 アドバイス

★勝ち負けにこだわらず、スリルを楽しむ種目です。スタートする子どもの数が多いほど、スリルが増します。

★円の数や間隔は、特に決めずにランダムな方がおもしろくなります。「どんなコースを走れば、ハンカチを取られないか」を、子どもにその場で判断させます。

進め方

❶オニが円の中に入る

図のように地面に長方形を描き、その中に直径50cmほどの円をランダムにいくつか描きます。円にひとりずつ、オニ（オニの角をつけた保護者）が入ります。オニは、円から出ることはできません。

❷子どもはハンカチをたらして立つ

子どもたちは、Ⓐラインに並びます。全員、腰にハンカチをはさみ、しっぽのようにたらします。

❸オニにハンカチを取られないように走る

スタートの合図で、子どもたちはいっせいに、反対側のⒷラインに向かって走ります。このとき、長方形から出てはいけません。オニは、円から手を伸ばし、子どもたちのハンカチをねらって取ります。Ⓑラインに着く前に、ハンカチを取られた子どもは、次回は走ることができません。

❹ハンカチが残った子どもはさらに反対向きに走る

ハンカチを取られなかった子どもは、今度はⒷラインに並び、Ⓐラインに向かって走ります。これをくり返し、最後に誰が残るかを競います。

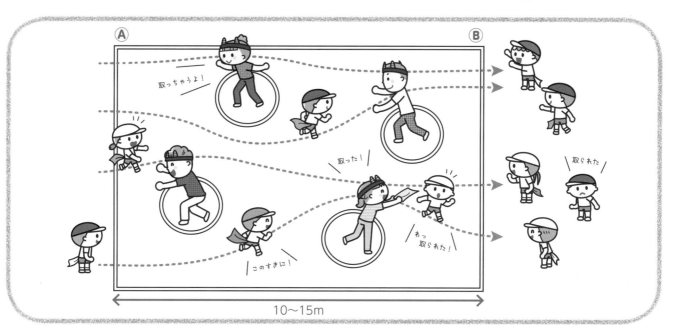

15 びっくり くり落とし

親子

流れとねらい 玉入れの玉を投げ、大きなくりの実を落とします。親子で力を合わせましょう。保護者はイスに座って行います。3歳以上の子どもにおすすめです。

準備する物

- **くりの実**
- **玉入れ台**
- **玉入れの玉**
  （人数分以上）
- **イス**
  （保護者人数分）

〈くりの実〉
油粘土を中に入れたざるをふたつ合わせてテープで留める。これを気泡緩衝材でくるんでくり形に成形し、さらにカラーポリ袋で包む。下部にビニールテープで模様を貼る。

〈玉入れ台〉
玉入れ台に段ボールをのせ、四隅に穴を開けてひもで台に留める。

成功アドバイス

★保護者ひとりにつき、玉を拾って渡す係の子どもはひとりだけでなく、2～3人いてもいいでしょう。
★2チームに分かれ、どちらが先にくりを落とせるかを競っても楽しいでしょう。

進め方

❶くりの周りにイスを置く

台にくりを置き、その周りを囲むようにイスを置きます。イスとイスの間に玉入れの玉をランダムに置きます。保護者はイスに座り、その周りに子どもたちが立っています。

❷玉を投げてくりを落とす

スタートの合図で、玉は子どもたちが拾って、保護者に渡し、保護者はくりに向かって玉を投げます。保護者はイスから立つことはできません。くりを落とせたら、競技終了です。

ありがとう

16 親子 大声大会

流れと ねらい 元気に大きな声を出して、呼び合いましょう。祖父母が参加してもOKです。3歳以上の子どもにおすすめです。

準備する物

● 封筒とカード（保護者人数分）
● カードに書かれた品物
（傘、帽子、バッグなど）

成功アドバイス

★保護者の走る距離は短くし、子どもの走る距離を長くします。
★カードには品物だけではなく、参加する子どもの名前を書いておき、子どもの名前を呼んで、一緒に走っても楽しいでしょう。

進め方

❶カードに品物を書いておく

コース上に図のように④ラインを引き、品物の名前が書かれたカード入りの封筒を置きます。その先に⑧ラインを引き、品物を持った子どもたちが並びます。1回に保護者2〜3人がスタートラインに並びます。

❷品物の名前を大声で叫ぶ

スタートの合図で、保護者は④ラインまで走り、封筒を拾います。中のカードに書かれた品物の名前を、子どもたちに向かって叫びます。④ラインから先へ進んではいけません。

❸品物を持って保護者のところへ

品物をコールされた子どもは、大声で品物の名前を言いながら、呼んだ人のところへ走ります。子どもは品物を保護者に渡し、保護者はカードを子どもに渡します。手をつないで、スタートラインまで走ります。早く戻ったペアの勝ちです。

親子

線路は続くよジャンケン列車

流れとねらい いろいろな人とジャンケンをしながら、ふれあいを深めます。子どもはジャンケンの勝ち負けをすばやく判断します。

成功アドバイス

★ジャンケンの勝ち負けが理解できるようになる3歳以降の子どもたち向けです。

★ジャンケンで負けて、後方につく時はかけ足で行うと、スピード感が出てより楽しくなります。

進め方

❶親子でジャンケン

親子2人組になって集まります。まず親子でジャンケンをして、負けた人は勝った人の肩を持って、後ろにつながって歩きます。

❷負けたら後ろにつく

別の親子を見つけてジャンケンをし、負けた親子は、勝った親子の後ろにつきます。

❸最後は長い列に

最後のジャンケンで全員が1列になったら終了です。音楽に合わせて会場をひと回りして退場します。

106

18 海の向こうは南の島

流れとねらい フープを使った移動を工夫して楽しみながら、距離感を養います。

準備する物

● **フープ**
（人数分×2個）

● **花の首飾り**（人数分）

● **頭飾りと腰みのエプロン**

〈花の首飾り〉
半分の大きさのフラワーペーパーでいくつか花を作り、リボンを通す。

〈頭飾りと腰みのエプロン〉
頭飾りは首飾りと同様に花を作り、丸ゴムを通す。カラーポリ袋を貼り合わせ、長方形の腰みのエプロンを作る。上部を折って貼り、中にカラーポリ袋をひも状に通して、腰で結ぶ。

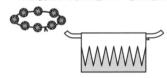

成功アドバイス

★フープとの間隔を開けすぎると、手が届かなくなります。フープの距離を離しすぎないのがコツです。

アレンジ 保護者競技としても楽しめます。

進め方

❶フープを2本ずつ持って並ぶ

2チームに分かれ、ひとりがフープを2本ずつ持って並びます。図のように、円を描いて南の島を設定し、保育者が花の首飾りを持って待ちます。

❷フープを置いて移動する

スタートの合図でフープをひとつ地面に置き、そのフープの中に入ります。もうひとつのフープを進行方向に置いて、その中へまたいだり跳んだりして移動します。ひとつめのフープを取って、再び進行方向に置いて移動する動作をくり返し、南の島まで進みます。

❸南の島で首飾りをもらう

南の島に着いたら、次の子がスタート。着いた子は保育者から首飾りをもらいます。早く全員が移動したチームが勝ちになります。

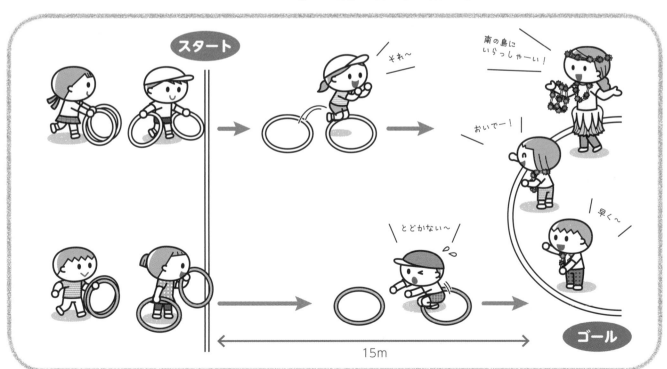

 卒園児

19 ほうきで シュート！

流れと
ねらい　ほうきを使ってボールを運ぶむずかしさを楽しむと同時に
集中力を養います。

準備する物

〈全体で〉
●サッカーゴール

〈1チームにつき〉
●ほうき
●ボール
●三角コーン（2個〜）

成功 アドバイス

★保護者競技としても楽しむことができます。保護者で
行う場合は、三角コーンの数を増やし、ラインからゴー
ルまでの距離を離すなど難度を上げて設定します。

進め方

❶ほうきでボールを転がして進む

図のようにスタート、シュートラインを引き、サッ
カーゴールを設置します。2〜3チームに分かれ、
ほうきでボールを転がしながら、図のように三角
コーンを左右によけながら通り抜け、シュートラ
インまで進みます。

❷ゴールをめがけてシュート！

シュートラインの位置から、サッカーゴールをめがけ
てボールをほうきでシュートします。ゴールするまで
シュートをくり返します。ゴールしたら、ほうきとボー
ルを持ってスタート位置まで戻り、次の走者と交代し
ます。早く全員がゴールしたチームが勝ちです。

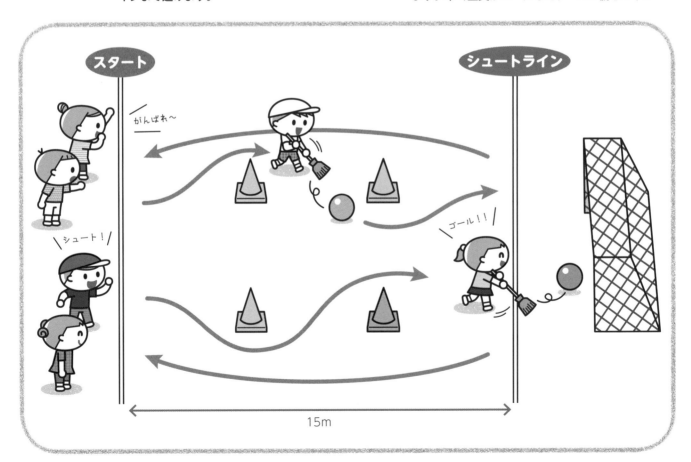

108

卒園児

20 フワフワ・リレー

流れとねらい 風船を落とさないように運ぶ調整力を養うリレーです。

🍀 準備する物 〈1チームにつき〉

- ●風船
- ●跳び箱
- ●洗面器
- ●旗、旗立て台

成功アドバイス

★落ちた風船を踏んで割ってしまうことがあります。予備の風船を忘れず用意しておきましょう。

★距離を伸ばせば、保護者の競技としても楽しめます。

進め方

❶風船&洗面器を持ってスタンバイ

2チームに分かれ、スタートラインに並びます。先頭は、風船を入れた洗面器を持ちます。図のように中間地点に跳び箱、折り返しに旗立て台を置きます。

❷風船を落とさないように走る

スタートの合図で、先頭は洗面器を両手で持って走り、跳び箱の周りを回り、旗を回って戻ってきます。途中で、洗面器から風船が飛んで落ちたら、拾いに行って、落とした場所まで戻ってから続けます。

❸次の子どもに交代して

スタートラインに戻ったら、風船の入った洗面器を次の子どもに渡して交代します。全員が先に走り終えたチームの勝ちです。

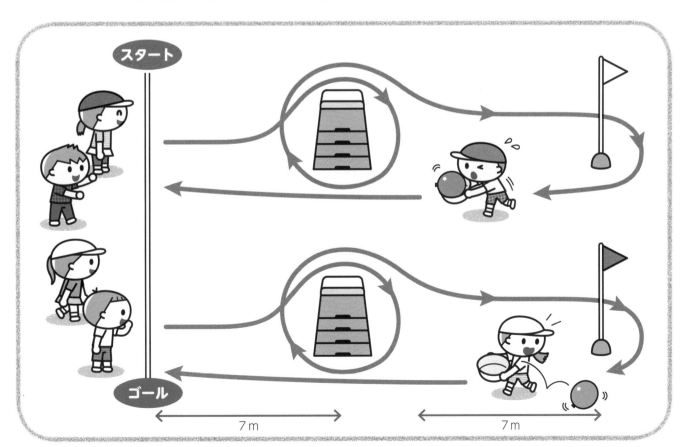

スタート ゴール 7m 7m

もじもじ やおやさん

流れと ねらい 文字を組み合わせて、ひとつの言葉を作ります。ひらがなが読めるようになり、いろいろな言葉を覚えた年齢の卒園児にぴったりです。

準備する物

●文字カード（人数分）

正方形の画用紙に、4枚でひとつの単語になるように、1枚1字ずつ文字を書く。単語はチームごとに替える。裏側には、チームごとにシールを貼ったり模様を描いたりしておく。

成功 アドバイス

★文字カードの文字は大きくはっきり書き、「ヒントはカレーに入っているものです」などアナウンスし、応援します。

アレンジ 文字の数を6文字などに増やすと、保護者競技としても楽しめます。

 進め方

❶裏返しのカードを持って走る

2チームに分かれ、4人1組になります。
スタートの合図で、4人がカードのところまで走り、裏返しになっているカードを1枚持ち、ゴール地点まで走ります。

❷カードの文字を組み合わせて

ゴール地点で4人がカードを見せ合い、文字を組み合わせて、ひとつの言葉にします。できたチームは、片ひざをつき、単語になるように並び文字を高くかかげてポーズ。

運動会お助けアドバイス

ほかにも運動会で楽しめそうなプログラムを探している時や、種目だけでなく「応援やBGMはどうしよう？」という時に、参考にしてください。

「野外劇」を演じる

『三匹のこぶた』のようなみんながよく知っている物語を保育者が語り、それに合わせて子どもたちが劇をします。家の役は手をつないで輪になり、こぶた役がこの輪の中に入ります。保育者のオオカミが登場し、家を吹き飛ばす…など、体で表現できる劇を作り、自由に演じてみましょう。

リングを活用

フープのような大型のリングは、地面に置いて「ケンケンパー」のように輪を目印にして跳ぶ、障害物競走のように輪をくぐるなど、工夫次第でいろいろな種目を作ることができます。また直径15cmくらいの小型のリングは、リレーのバトン代わりにすると握りやすく、落とさないで走ることができます。

応援グッズで盛り上げる

子どもたちが手作りしたメガホン、うちわ、マラカス、大型ポンポン、クラスの旗などで応援タイムを作ると、より楽しい運動会になります。運動会前には、応援グッズを作る時間を設け、子どもたちの気持ちを盛り上げておきましょう。当日は保育者も、子どもたちに声援を送ったり拍手をしたりと応援します。

パラバルーンに挑戦

カラフルな円形で、ナイロンやパラシュートのクロス地で作られた遊具が「パラバルーン」です。子どもたちが布の端を持ち、上げ下げしたり、揺らしたりして、さまざまな動きが生まれます。年少児でも扱えて、リズム感や団結力を養うことができます。華やかで運動会にぴったりなレクリエーションです。

旗体操を取り入れる

子どもたちは右手に赤、左手に白の旗（うちわでもOK）を持ちます。保育者の「赤上げて、白上げて、赤下げないで、白下げて」などというコールに合わせて、全員が同じ動作に挑みます。コミュニケーション力が生まれ、失敗しても楽しいゲームです。言葉の理解が進み、機敏な動きができる年長児向けです。

競技用BGMを使う

競技を、よりいきいきと引き立てるために、種目に合ったBGMを効果的に使いましょう。マーチ（行進曲）はリズムがはっきりしているので、どの種目にも合います。かけっこのような動作の速い種目は、テンポが「♩=160〜170」くらいの曲を選びましょう。たとえば『クシコス・ポスト』（ネッケ作曲）、『天国と地獄』（オッフェンバック作曲）、『道化師のギャロップ』（カバレフスキー作曲）などは、早駆け曲の大定番です。

●編著者

浅野ななみ Nanami Asano（乳幼児教育研究所）

お茶の水女子大学卒業。東京都公立幼稚園教諭、聖心女子大学講師を経て、現在、乳幼児教育研究所講師。乳幼児の歌、あそび、お話の創作、表現活動の指導のほか乳幼児教育教材やおもちゃの監修も行っている。絵本『3びきのこぶたのおかあさんのたんじょうび』（PHP研究所）、『CD付き 0〜5歳 発表会で盛り上がる昔話の劇あそび』『かんたん＆楽しいカードシアター』（ナツメ社）など保育書の著・監修書多数。

●種目協力

阿部直美 Naomi Abe（乳幼児教育研究所）

瀬戸市はちまん幼稚園園長、聖心女子大学講師等を経て、現在は乳幼児教育研究所所長。子どもの歌の作詞・作曲、NHK子ども番組への作品提供、幼児向けDVDやCD企画・制作などを手がけている。『阿部直美のダンス＆リズムゲーム 0・1・2歳児の運動会 ちびっこザウルス』（世界文化社）、『季節の製作あそびとプレゼント工作』（成美堂出版）など、保育書の著・監修書多数。

STAFF

●本文イラスト

廣瀬厚子、くるみれな、加藤直美、つかさみほ

●校正

株式会社麦秋アートセンター

●本文デザイン・DTP

有限会社チャダル、スタジオポルト

●編集

株式会社童夢

0－5歳児 運動会種目集 ワクワク大成功101アイデア 新装版

2023年8月8日　第1刷発行

編・著者　浅野ななみ
発行人　土屋 徹
編集人　志村俊幸
編集　小中知美　猿山智子
発行所　株式会社Gakken
　　　　〒141-8416　東京都品川区西五反田2-11-8
印刷所　中央精版印刷株式会社

この本に関する各種お問い合わせ先
本の内容については、下記サイトのお問い合せフォームよりお願いします。
https://www.corp-gakken.co.jp/contact/
［書店購入の場合］
●在庫については　Tel 03-6431-1250（販売部）
●不良品（乱丁・落丁）については　Tel 0570-000577
学研業務センター　〒354-0045　埼玉県入間郡三芳町上富279-1
［代理店購入の場合］
●在庫、不良品（乱丁・落丁）については
　Tel 03-6431-1165（事業部直通）
●上記以外のお問い合わせは
　Tel 0570-056-710（学研グループ総合案内）

学研グループの書籍・雑誌についての新刊情報・詳細情報は、下記をご覧ください。
学研出版サイト　https://hon.gakken.jp/

JASRAC（出）2304402-301